ERROS FREQUENTES EM INGLÊS

Um guia para aprimorar
o seu inglês

wmf martinsfontes

SÃO PAULO 2011

Esta obra foi publicada originalmente em inglês com o título COMMON ERRORS por Chambers Harrap Publishers Limited

1ª edição *2011*

Editores da edição inglesa *Michael Munro, Kay Cullen*
Tradução *Valter Lellis Siqueira*
Acompanhamento editorial *Luzia Aparecida dos Santos*
Revisões gráficas *Marisa Rosa Teixeira, Alessandra Miranda de Sá*
Edição de arte *Adriana Maria Porto Translatti*
Produção gráfica *Geraldo Alves*
Paginação *Moacir Katsumi Matsusaki*

Dados Internacionais de Catalogação na Publicação (CIP)
(Câmara Brasileira do Livro, SP, Brasil)

Série desktop guides : erros frequentes em inglês / [tradução Valter Lellis Siqueira]. – São Paulo : Editora WMF Martins Fontes, 2011.

Título original: Common Errors
ISBN 978-85-7877-419-1

1. Inglês – Erros de uso 2. Inglês – Estudo e ensino – Brasileiros 3. Inglês – Pronúncia por estrangeiros 4. Inglês – Uso.

11-05452 CDD-428

Índices para catálogo sistemático:

1. Erros comuns : Inglês para brasileiros : Linguística aplicada 428
2. Inglês para brasileiros : Erros comuns : Linguística aplicada 428

Editora WMF Martins Fontes Ltda.
Rua Prof. Laerte Ramos de Carvalho, 133 01325-030 São Paulo SP Brasil
Tel. (11) 3293.8150 Fax (11) 3101.1042
e-mail: info@wmfmartinsfontes.com.br http://www.wmfmartinsfontes.com.br

ÍNDICE

Introdução

Este livro destina-se a quem deseja conhecer e evitar os erros e imprecisões de estilo mais frequentes no inglês falado e escrito. Aqui você encontrará orientações quanto à grafia, pronúncia e gramática, e aprenderá a distinguir palavras cujas formas e significados podem ser confundidos.

Como qualquer outra língua viva, o inglês está em constante mudança. Novas palavras e expressões são incorporadas ao uso diário, enquanto outras, mais antigas, acabam caindo em desuso. No século XXI, a comunicação está se tornando mais informal. Celulares, *e-mails* e mensagens de texto tendem a deixar de lado as estruturas mais formais da língua em favor de formas mais diretas e flexíveis. O que para uma geração era considerado inglês "correto" para a geração seguinte é antiquado. Na verdade, muitas regras estabelecidas por antigas gramáticas e manuais são apropriadas para o século XIX. Hoje, por exemplo, já não há razão para uma frase não terminar com preposição: *We all do what we have to!* [Todos fazemos o que temos que fazer!] Já não tem sentido nos apegarmos a regras e prescrições superadas (e geralmente ignoradas) só porque fazem parte de uma tradição.

Contudo, não se deve ignorar tudo o que é antigo. As regras gramaticais continuarão relevantes enquanto forem úteis para a clareza do sentido, por mais que a língua se modifique. Afinal, em nossa comunicação formal, o que se exige é a norma culta da língua. E as recomendações deste livro partem desse princípio.

Entre os itens referentes ao estilo e à gramática, você encontrará orientações sobre o uso do infinitivo, a concordância verbal correta com palavras como *media* [mídia] e *data* [dados], o perigo das metáforas que podem causar confusão, o emprego adequado do particípio e muito mais. Também encontrará observações sobre o registro, ou seja, casos em que a linguagem informal utilizada na fala não é adequada à redação dos textos formais da correspondência comercial.

A grafia de muitas palavras inglesas parece desafiar a lógica: *debt* /det/ [dívida] e *receipt* /ri-**si:t**/ [recibo], pronunciadas sem o *b* e o *p*, respectivamente, ou *cough* /kof/ [tosse] e *rough* /râf/ [áspero], em que a pronúncia, aparentemente, deveria ser a mesma. A utilidade dos corretores de nossos computadores é muito limitada. Eles conseguem identificar erros de digitação e alguns outros, mas muitas vezes não reconhecem certas palavras e orações e chegam a oferecer soluções ridículas. Nenhum corretor de texto, por mais aperfeiçoado que seja, consegue substituir um bom conhecimento de ortografia e gramática.

Os verbetes deste livro são dispostos em ordem alfabética, facilitando e simplificando as consultas. São apresentados inúmeros exemplos, que mostram as palavras contextualizadas, com símbolos que fazem a distinção imediata entre o uso correto (✔) e o errado (✘). Informações adicionais e sugestões de uso poderão ser encontradas em janelas e quadros de fácil compreensão que detalham tópicos mais complicados, como o emprego do apóstrofo e do hífen.

Esperamos que este livro lhe seja útil e que você possa aproveitá-lo.

Glossário

abreviação forma reduzida de uma palavra ou frase. A abreviação pode ser obtida pela eliminação de algumas letras (por exemplo, *maths* para *mathematics* [matemática]), ou pela criação de uma sigla (por exemplo, *BBC* para *British Broadcasting Corporation* [Corporação Britânica de Retransmissão])

adjetivo palavra que caracteriza o substantivo: a *warm* day [um dia *quente*]; a *happy* man [um homem *feliz*]

advérbio palavra que se associa ao verbo para exprimir as circunstâncias em que se desenvolve o processo descrito pelo verbo, e ao adjetivo e ao próprio advérbio para descrever a intensidade de uma característica: He ran *fast* [Ele correu *rápido*]; The products sold *well* [Os produtos venderam *bem*]; The new secretary is *very* efficient [A nova secretária é *muito* eficiente]; He worked *very well* [Ele trabalhou *muito bem*]

afixo grupo de letras que não tem sentido próprio, sendo acrescentado ao início (*ver* **prefixo**) ou ao final (*ver* **sufixo**) de uma palavra para formar um novo vocábulo

caixa-alta letra maiúscula

caixa-baixa letra minúscula

comparativo forma de um adjetivo ou advérbio que indica que uma pessoa ou alguma coisa tem uma qualidade em maior ou menor grau do que outra pessoa ou coisa tida por referência. Em inglês, é obtido com a adição de *-er* ou ainda *more* [mais] ou *less* [menos] a um adjetivo ou advérbio – por exemplo, *taller* [mais alto], *more important* [mais importante], *less important* [menos importante]

conjunção palavra invariável que relaciona dois termos da oração com a mesma função ou duas orações de idêntica função gramatical ou de funções gramaticais diferentes, como, por exemplo, em *Jude and I saw the accident* [Jude e eu vimos o acidente], *I live in Chelsea but my school is in Houlborn* [Moro em Chelsea mas minha escola fica em Houlborn]

consoante representação de um som produzido com a interrupção do fluxo de ar (pelos lábios, língua ou dentes), como *b, c, d*

frase enunciação de sentido completo, podendo ou não incluir um ou mais verbos: *Help!* [Socorro!]; *Good morning!* [Bom dia!]; *What a night!* [Que noite!]; *He came by bus* [Ele veio de ônibus]

gerúndio forma nominal dos verbos, expressa pelo grupo *-ing* acrescentado ao infinitivo. Em inglês o gerúndio pode ter a função de substantivo, como em *Fishing is very popular* [A pescaria é muito popular], sendo conhecido também como ***verbal noun*** [substantivo verbal]

interjeição palavra ou frase que exprime manifestações emocionais, como *Ouch!* [Ai!] ou *Wow!* [Uau!]

objeto (direto ou indireto) termo da oração que é exigido para a complementação de um verbo, como, por exemplo, *He kissed her* [Ele a beijou] ou *Our decision depends on the boss* [Nossa decisão depende do patrão]

oração frase que contém um verbo: *The secretary speaks French* [A secretária fala francês]; *My boss likes working here* [Meu chefe gosta de trabalhar aqui]

oração adjetiva oração introduzida por um pronome relativo, que identifica ou acrescenta maior informação a alguém ou alguma coisa

oração principal oração que possui sentido próprio, como *As soon as she arrived home, she put on the kettle* [Assim que chegou em casa, ela colocou a chaleira no fogo]

oração subordinada oração que não tem sentido em si própria, dependendo assim de uma oração principal, por exemplo, *As soon* *as she arrived home, she put on the kettle* [Assim que chegou em casa, ela colocou a chaleira no fogo]

particípio passado forma nominal do verbo que, nos verbos regulares ingleses, é obtida pelo acréscimo de *-ed* ao infinitivo, como em *work* [trabalhar] – *worked*; os verbos irregulares têm forma própria: *steal* [roubar] – *stolen*; *give* [dar] – *given*

particípio presente forma nominal do verbo que, em inglês, é obtida acrescentando-se *-ing* ao infinitivo do verbo, por exemplo, *run* [correr] – *running* [correndo; corrente], *dance* [dançar] – *dancing* [dançante]

período frase que contém uma ou mais orações: *The manager was in London last week* [O gerente esteve em Londres na semana passada]; *We phoned her, but she was not in her office* [Nós telefonamos para ela, mas ela não estava em casa]. O período simples contém apenas uma oração, o período composto contém duas ou mais

prefixo afixo colocado no início das palavras, modificando seu sentido, como, por exemplo, em *anti-communist* [anticomunista] ou *unpleasant* [desagradável]

preposição palavra invariável que une dois termos da oração, estabelecendo uma relação entre eles (de lugar, origem, material, localização no tempo e no espaço etc), como, por exemplo, em *a box of chocolates* [uma caixa de chocolates], *a car from Japan* [um carro do Japão]

pronome pessoal palavra que substitui o nome (substantivo), como *me* [me] ou *they* [eles, elas]

pronome relativo pronome que se refere a alguma coisa ou pessoa citada anteriormente e é usado para introduzir uma oração adjetiva, como *who* [quem] ou *that* [que]

sílaba grupo de sons pronunciados numa só emissão de voz. Muitas palavras inglesas, para falantes de outras línguas, parecem ter duas sílabas, mas, na verdade, só têm uma: *like* [gostar], pronunciado /laik/

substantivo composto substantivo formado por duas ou mais palavras, como *make-up* [maquiagem] ou *one-legged man* [homem de uma perna só]

substantivo contável substantivo que dá nome a algo que pode ser contado. Os substantivos contáveis têm forma singular e plural: *cat* [gato] e *cats* [gatos]

substantivo incontável substantivo que dá nome a algo que não pode ser contado, como *gold* [ouro], *milk* [leite]. Os substantivos incontáveis não têm forma plural

substantivo próprio nome que designa uma pessoa, lugar ou coisa específica de uma categoria. Inicia-se com letra maiúscula, como, por exemplo, *Kerry*, *Mozart*, *London*, *BBC*

sufixo afixo que se coloca no final de uma palavra para formar uma nova palavra, como, por exemplo, *happy* [feliz] + *-ness* = *happiness* [felicidade]; *citizen* [cidadão] + *-ship* = *citizenship* [cidadania]

sujeito termo da oração a respeito do qual se faz uma declaração. O sujeito determina a forma do verbo. Em *he kisses her* [ele a beija], *he* é o sujeito

superlativo forma do adjetivo ou advérbio que indica que alguém ou alguma coisa tem o maior ou o menor grau de uma qualidade em relação a todos os outros elementos de seu grupo. Em inglês, em alguns casos é formado pela adição do sufixo *-est* ao adjetivo ou advérbio, como, por exemplo, *the tallest* [o mais alto]. Em outros casos é formado pelo emprego de *the most* [o mais] ou *the least* [o menos] antes do adjetivo ou advérbio, como, por exemplo, *the most satisfying* [o mais satisfatório]

verbo palavra variável que expressa ação, comunicação, estados ou processos mentais, como, por exemplo, *run* [correr], *tell* [contar], *be* [ser, estar], *think* [pensar]

verbo composto verbo formado por duas ou mais palavras, como *hang-glide* [voar de asa-delta] ou *stir-fry* [mexer durante a fritura]

verbo frasal (*phrasal verb*) frase constituída por um verbo e uma preposição ou advérbio que mudam o sentido original do verbo, tal como *look for* [procurar] ou *set up* [montar, estabelecer]

vogal som produzido sem a intervenção da língua, dentes ou lábios. As letras que representam as vogais, em inglês, são *a*, *e*, *i*, *o*, *u* e, por vezes, *y*

A

a, **an** [um, uma]

Estas são as regras para o emprego do artigo indefinido:

- **a** antes de palavras ou abreviaturas que se iniciam por uma consoante: *a horse* [um cavalo] ▪ *a happy man* [um homem feliz] ▪ *a hopeless case* [um caso perdido] ▪ *a yacht* [um iate] ▪ *a FIFA ruling* [uma regra da FIFA] ▪ *a G8 summit* [uma reunião de cúpula do G8].
- **a** antes de palavras e abreviaturas que começam por uma vogal com som de semivogal (y e w): *a union* [uma união] ▪ *a European* [um europeu] ▪ *a uniformed policeman* [um policial uniformizado] ▪ *a UN delegate* [um delegado da ONU] ▪ *a one-legged bird* [um pássaro com uma só pata].
- **an** antes de palavras e abreviaturas que começam por uma vogal: *an application form* [um requerimento] ▪ *an Englishman* [um inglês] ▪ *an ingenious plan* [um plano engenhoso] ▪ *an e-mail* [um *e-mail*] ▪ *an AGM* (*Annual General Meeting*) [uma reunião anual].
- **an** antes de palavras e abreviaturas que começam por consoante, mas são pronunciadas como vogal: *an hour* [uma hora] ▪ *an honourable man* [um homem honrado] ▪ *an FDA* (*Food and Drug Agency*) *report* [um relatório da FDA – Agência de Alimentos e Drogas] ▪ *an NBC broadcast* [uma retransmissão da NBC] ▪ *an X-rated movie* [um filme impróprio para menores] ▪ *an LCD television* [uma televisão LCD].

i

Há quem use **an** antes de palavras iniciadas por **h** pronunciado de maneira fraca, como em ***an hotel*** [um hotel], mas isso geralmente é considerado anacronismo.

abbreviate [abreviar], **abbreviation** [abreviatura]

As duas palavras são escritas com *b* duplo.

-able, -ible

Adjetivos terminados em **-able** e **-ible** são frequentemente grafados de maneira errada, devido à similaridade desses sons. Não existem regras simples que nos indiquem qual dos dois é o correto. Consulte abaixo a lista dos adjetivos terminados pelos dois sufixos. Se nela você não encontrar a palavra que procura, lembre-se apenas de que a terminação **-able** é mais comum.

Esta lista mostra palavras terminadas em **-able**:

adaptable [adaptável]
advisable [aconselhável]
affable [afável]
agreeable [agradável]
amenable [ameno]
amiable [amigável]
amicable [amigável]
applicable [aplicável]
bendable [dobrável]
breakable [quebrável]
capable [capaz]
changeable [mutável]
classifiable [classificável]
communicable [comunicável]
completeable [que se pode completar]
computable [computável]
conquerable [conquistável]
creditable [creditável]
culpable [culpável]
despicable [desprezível]
detachable [destacável]
detestable [detestável]
drinkable [bebível]
enviable [invejável]
equitable [equitativo]
excusable [desculpável]
fashionable [elegante]
flyable [volátil]
foreseeable [previsível]
forgivable [perdoável]
formidable [formidável]
giveable [que se pode dar]
hireable [que se pode alugar]
hospitable [hospitaleiro]
implacable [implacável]
indefinable [indefinível]
indomitable [indomável]
inestimable [inestimável]
inevitable [inevitável]
inexcusable [indesculpável]
inexorable [inexorável]
inferable [deduzível]
inflammable [inflamável]
insatiable [insaciável]
inscrutable [inescrutável]
inseparable [inseparável]
intolerable [intolerável]

irrevocable [irrevogável]
knowledgeable [instruído, culto]
lamentable [lamentável]
malleable [maleável]
memorable [memorável]
nameable [nomeável]
navigable [navegável]
noticeable [notável]
palpable [palpável]
payable [pagável]
peaceable [que se pode pacificar]
persuadable [persuasível]
pliable [flexível]
portable [portátil]
predictable [previsível]
preferable [preferível]
probable [provável]
pronounceable [pronunciável]
referable [atribuível]
reliable [confiável]
repeatable [repetível]
respectable [respeitável]
saleable [vendível]
sociable [sociável]
transferable [transferível]
unchallengeable [incontestável]
unconscionable [irracional]
unforgettable [inesquecível]
unmistakable [inequívoco]
unstoppable [incontível]
usable/useable [usável]
variable [variável]
viable [viável]
vulnerable [vulnerável]

Estas são as palavras que mais comumente terminam por **-ible**:

accessible [acessível]
adducible [aduzível]
admissible [admissível]
audible [audível]
collapsible [dobrável]
combustible [inflamável]
compatible [compatível]
comprehensible [compreensível]
contemptible [desprezível]
convertible [conversível]
convincible [convencível]
corruptible [corruptível]
deducible [deduzível]
defensible [defensível]
depressible [depreciável]
destructible [destrutível]
digestible [digestível]
dirigible [dirigível]
discernible [discernível]
divisible [divisível]
edible [comestível]
eligible [elegível]
exhaustible [escapável]
expressible [expressável]
extensible [extensível]
fallible [falível]
feasible [viável]
flexible [flexível]
forcible [forçoso]

fusible [fundível]
gullible [crédulo]
horrible [horrível]
incorrigible [incorrigível]
indelible [indelével]
indestructible [indestrutível]
inexhaustible [inesgotável]
inflexible [inflexível]
insensible [insensível]
interruptible [que pode ser obstruído]
invincible [invencível]
irascible [irascível]
irrepressible [irrepreensível]
irresistible [irresistível]
legible [legível]
negligible [desprezível]
ostensible [ostensivo]
perceptible [perceptível]
perfectible [aperfeiçoável]
permissible [permissível]
persuasible [persuasível]
plausible [plausível]
possible [possível]
reducible [redutível]
reprehensible [repreensível]
repressible [reprimível]
reproducible [reprodutível]
resistible [resistível]
responsible [responsável]
reversible [reversível]
risible [risível]
sensible [sensato]
susceptible [suscetível]
tangible [tangível]
terrible [terrível]
unintelligible [ininteligível]
visible [visível]

Existem alguns adjetivos que podem ser escritos com **-able** ou com **-ible**, embora o sufixo **-able** seja mais comum:

collectable/collectible [colecionável]
correctable/correctible [corrigível]
detectable/detectible [detectável]
extendable/extendible [extensível]
includable/includible [incluível]
preventable/preventible [evitável]

Aborigine, Aboriginal [aborígine]
Quando se faz referência ao indivíduo natural da Austrália, usa-se de preferência o substantivo **Aborigine**. O plural é sempre **Aboriginals**. O adjetivo correspondente é **Aboriginal**.

abscess [abscesso]

Observe o grupo *-sc-* no meio da palavra, e o *s* duplo no final.

absorb [absorver], **absorption** [absorção]

Observe que o verbo é grafado com *b*, e o substantivo, com *p*.

abuse [abusar, abuso], **misuse** [mau uso, usar mal]

- Como verbo ou substantivo, a palavra **abuse** é mais empregada com o sentido de "usar com propósitos escusos", como em: *abuse of power* [abuso de poder] ▪ *He'd abused his position as a councillor in order to further his own business interests* [Ele abusou de seu cargo como conselheiro para favorecer os próprios interesses no negócio].
- Como verbo ou substantivo, **misuse** refere-se a "usar da maneira errada, malversar", como em: *the misuse of funds* [malversação de fundos] ▪ *The medical profession is accused of misuing antibiotics* [A medicina é acusada de usar antibióticos de maneira errada].

accede [aceder, concordar]

Observe a grafia com *c* duplo.

➤ É muitas vezes confundido com **exceed** [exceder].

accelerate [acelerar], **acceleration** [aceleração], **accelerator** [acelerador]

As três palavras são grafadas com *c* duplo e um único *l*.

access [acesso, acessar]

Grafado com *c* e *s* duplos.

➤ É muitas vezes confundido com **excess** [exceder, excesso].

accessible [acessível]

Grafado com *c* e *s* duplos, mais o sufixo *-ible*.

accessory [acessório]

Grafado com *c* e *s* duplos, mais o sufixo *-ory*.

accidentally [acidentalmente]

Observe que a palavra termina por *ally* (e não *-ly*).

accommodate [acomodar]

Grafado com *c* e *m* duplos.

accumulate [acumular], **accumulation** [acumulação], **accumulator** [acumulador]

Grafados com *c* duplo e *m* simples.

accuracy [exatidão, precisão], **accurate** [exato, preciso]

As duas palavras são grafadas com *c* duplo e *r* simples.

acetic Ver **aesthetic**.

achieve [obter, conseguir]

Observe a seguinte regra de grafia: *i* antes de *e* (e nunca o contrário), a não ser depois de *c*.

aching [doloroso]

A palavra **ache** [dor] perde o *e* final ao receber o sufixo *-ing*.

acknowledge [reconhecer, admitir]

Observe o *c* antes do *k*, bem como o final *-edge*.

acknowledgement, acknowledgment [reconhecimento]

As duas formas são corretas, mas a primeira é mais comum em inglês britânico.

acoustics [acústica]

Grafado com *c* simples.

- Quando o sentido é o de "características de um espaço que afetam a maneira como se ouve o som nele, **acoustics** é seguida por um verbo no plural, como, por exemplo, em: *The accoustics here are better than in some modern theatres* [Aqui a acústica é melhor que em alguns teatros modernos].
- Quando o sentido é de "estudo científico do som", **acoustics** é seguida por um verbo no singular, como em: *Acoustics is a relatively new science* [A acústica é uma ciência relativamente nova].

acquaint [dar a conhecer, informar], **acquaintance** [conhecimento, pessoa conhecida]

Observe, nas duas palavras, o *c* antes de *qu*, e o sufixo *-ance* na segunda.

acquiesce [aquiescer, concordar], **acquiescence** [aquiescência, concordância], **acquiescent** [aquiescente, concordante]

Observe, nas três palavras, o *c* antes de *qu* e o grupo *-sc-* medial.

acquire [adquirir]

Observe o *c* antes de *qu*.

acquit [quitar], **acquittal** [quitação]

Observe o *c* antes de *qu* nas duas palavras. O *t* é duplo no substantivo **acquittal**, no gerúndio e no particípio presente de **acquit** (**acquitting**), bem como no passado simples (**acquitted**).

across [além de, do outro lado de]

Grafado com *c* simples e *s* duplo.

-acy, -asy

Os substantivos terminados por **-acy** e **-asy** são frequentemente grafados de maneira incorreta.

- Com **-acy** escreve-se, por exemplo, *accuracy* [precisão], *adequacy* [adequação], *conspiracy* [conspiração], *delicacy* [delicadeza], *diplomacy* [diplomacia], etc.
- Só existem quatro substantivos terminados por **-asy**: *apostasy* [apostasia], *ecstasy* [êxtase], *fantasy* [fantasia] e *idiosyncrasy* [idiossincrasia].

➤ Ver também **-icy** ou **-isy**.

addendum [adendo]

O plural desta palavra é **addenda**.

address [endereço], **addressee** [destinatário]

As duas palavras são grafadas com *d* e *s* duplos.

adherence [adesão], **adhesion** [aderência]

As duas palavras têm o sentido de "conexão, ligação", mas há uma diferença de emprego entre elas:

- **adherence**: *his adherence to the strict letter of the law* [sua adesão ao sentido estrito da lei].
- **adhesion**: *For heavier paper and cardboard, this type of glue gives better adhesion* [Com papel mais pesado e papelão, este tipo de cola dá melhor aderência].

adjacent, adjoining, contiguous [vizinho, adjacente, contíguo]

As três palavras têm aproximadamente o mesmo sentido, mas observe a diferença:

- **adjacent** refere-se ao que está ao lado ou próximo de algo, mas os dois elementos não estão em contato direto.
- **adjoining** ou **contiguous** referem-se a dois elementos que estão em contato direto, compartilhando de uma margem ou divisória.

admission, admittance [admissão, entrada]

As duas palavras significam "o ato de entrar" ou "permissão para entrar", porém observe que:

- **admission** é usada com relação a um local público, como um teatro ou museu: *The price of admission to the gallery is £5* [O preço da entrada para a galeria é de £ 5].
- **admittance** é usada com relação ao local geralmente não aberto ao público: *The sign on the door said, 'Private. No admittance'* [O cartaz na porta dizia: "Particular. Entrada proibida"].

adolescence [adolescência], **adolescent** [adolescente]

Palavras grafadas com *-sc-*; a sílaba tônica é a terceira nas duas palavras.

adopted [adotado, adotivo], **adoptive** [adotivo]

- **adopted**, como adjetivo, geralmente é usado com relação à criança (filho ou filha) adotada, como em: *her adopted son, Rory* [seu filho adotivo, Rory]. Como verbo, é o particípio passado de **to adopt**, como em: *They have adopted a child* [Eles adotaram uma criança].

- **adoptive** é usado com relação aos que adotam uma criança: *adoptive parents* [pais adotivos]. O uso de **adoptive** para a criança adotada não é errado, mas é pouco frequente.

advantage [vantagem], **advantageous** [vantajoso]

Observe que o *e* de *advantage* se conserva após o acréscimo do sufixo *-ous*.

adverse [adverso, desfavorável], **averse** [adverso, avesso, hostil]

- **adverse** é aplicado mais a coisas que a pessoas: *adverse weather conditions* [condições climáticas adversas], *an adverse reaction* [uma reação desfavorável].
- **averse** é frequentemente usado na forma negativa e seguido da preposição **to**: *He's not averse to making a little extra cash on the side* [Ele não é avesso a ganhar um dinheiro extra por fora].

advertise [anunciar], **advertisement** [anúncio]

Em inglês tanto britânico como americano, as duas palavras são grafadas com *-ise*. Contudo, em inglês americano, **advertise** também pode ser escrito com *-ize*. Observe também que **advertisement** é geralmente pronunciado /ad-**ver**-tis-ment/ em inglês britânico, com a tônica na segunda sílaba; e, em inglês americano, a palavra é pronunciada /ad-ver-**taiz**-ment/, com a tônica na terceira sílaba.

advice [conselho], **advise** [aconselhar]

Cuidado para não confundir o substantivo com o verbo ao escrever estas palavras.

- **advice** é substantivo: *My advice to you is put the money in the bank immediately* [Meu conselho é que você ponha o dinheiro no banco imediatamente]. Para dizer "um conselho", usa-se *a piece of* ***advice***: *You gave me a very useful piece of advice* [Você me deu um conselho muito útil].

-ae-, -e-

Algumas palavras tradicionalmente escritas com **-ae-** agora são escritas apenas com **-e-**, particularmente em inglês americano. Observe que o inglês britânico só usa **-ae-** para escrever palavras como *aesthetic* [estético], *anaesthetic* [anestésico], *caecum* [ceco

– anat] e *haemoglobin* [hemoglobina], enquanto o inglês americano prefere *anesthetic*, *cecum* e *hemoglobin*. Contudo, em inglês britânico, as grafias *medieval* [medieval], em vez de *mediaeval*, e *encyclopedia* [enciclopédia], em vez de *encyclopaedia*, hoje são mais comuns.

aerial [antena, aéreo, leve]

Essa palavra é sempre grafada com *-ae*, em inglês britânico e americano.

aerobics [aeróbica]

Observe que **aerobics** é seguida por um verbo no singular: *Aerobics is now a very popular form of exercise* [A aeróbica agora é uma forma muito popular de exercício].

aeroplane, airplane [aeroplano, avião]

Aeroplane é a forma em inglês britânico; **airplane**, em inglês americano.

aerosol [aerossol]

É sempre grafada com *ae-*, nas duas variantes mais importantes da língua inglesa.

aesthetic [estético], **ascetic** [ascético], **acetic** [acético]

Essas palavras são frequentemente confundidas. Observe bem a diferença de grafias.

affect [afetar, fingir], **effect** [efeito, efetuar]

Cuidado para não confundir essas palavras.

- **affect** é sempre verbo e tem dois sentidos. O primeiro é de "afetar", "influenciar": *The changes won't affect the staff in this branch* [As mudanças não afetarão os empregados desta filial]. ■ *I'm glad to say that none of us will be directly affected* [Fico feliz em afirmar que nenhum de nós será diretamente afetado]. O segundo sentido é o de "fingir": *Though she affected indifference, I knew she was really very upset* [Embora ela fingisse indiferença, eu sabia que estava realmente muito aborrecida].

- **effect** pode ser substantivo ou verbo. Como substantivo, significa "efeito", como em: *What effect will these changes have on this branch?* [Que efeito essas mudanças produzirão nesta filial?]. ▪ *I was still suffering from the effects of the journey* [Eu ainda estava sofrendo os efeitos da viagem]. O verbo **effect** significa "efetuar", "realizar", como em: *His aim was to effect a radical change in the party structure* [O objetivo dele era efetuar uma mudança radical na estrutura do partido].

affiliate [afiliar, filiar, sucursal, filial], **affiliation** [afiliação, filiação]
As duas palavras são grafadas com *f* duplo e *l* simples.

afflict [afligir], **inflict** [infligir]
Veja exemplos de emprego dos dois verbos:

- **afflict**: *Stress afflicts people from every stratum of society* [O estresse aflige pessoas de todas as camadas da sociedade]. ▪ *He was afflicted with/by severe acne* [Ele era afligido por uma acne severa]. Observe que, na voz passiva, **afflict** pode ser seguido por ***with*** [com] ou ***by*** [por].
- **inflict**: *She has a tendency to inflict her troubles on other* [Ela tem uma tendência a infligir seus problemas a outras pessoas]. ▪ *They mounted a surprise attack, and inflicted heavy casualties on the enemy* [Eles montaram um ataque-surpresa e infligiram pesadas baixas ao inimigo]. Observe que **inflict** é sempre seguido por **on**.

African American [afro-americano]
Este é um termo usado comumente com referência aos americanos descendentes de africanos negros. O emprego do termo **African American** tem sido criticado, sobretudo por implicar, incorretamente, que todos os africanos são negros – o termo nunca é usado com referência aos habitantes da África do Norte. Atualmente, a palavra ***black*** [preto] é aceita pela maior parte dos norte-americanos. Embora haja quem faça franca objeção a **African American**, ainda é um termo de ampla aceitação, usado principalmente pela mídia. Muitas vezes sua grafia, como adjetivo, recebe um hífen, como em *African-American literature* [literatura afro-americana].

Note que, entre os norte-americanos, a palavra *negro* é considerada ofensiva.

Afro-Caribbean [afro-caribenho]

Esta forma é preferível (como adjetivo e substantivo) a ***West Indian*** [indo-ocidental].

aged

Observe as diferentes pronúncias para os dois diferentes sentidos dessa palavra.

- /**ay**-jid/, quando o sentido é de "idoso, velho", como em *aged parents* [pais idosos].
- /ayjd/, quando o sentido é de "de idade", como em *Malcolm, aged ten* [Malcolm, com dez anos de idade].

ageing, aging [envelhecimento]

As duas grafias são corretas, mas **ageing** é mais comum e, também, mais fácil de ler.

aggravate [tornar pior, agravar]

- **Aggravate** também é usado, principalmente em inglês informal, no sentido de "irritar", "aborrecer": *It's so aggravating when people don't return your calls* [É tão irritante quando as pessoas não retornam os telefonemas].

Uso

Este segundo uso de **aggravate** é visto por muita gente como incorreto, mas já está consagrado pela linguagem oral, só devendo ser evitado em contextos formais.

aggression [agressão], **aggressor** [agressor]

As duas palavras são grafadas com *g* e *s* duplos.

aghast [horrorizado, espantado]

Ao escrever, não esquecer o *h*, que não é pronunciado.

agnostic Ver **atheist**.

AIDS, **HIV**

As duas palavras são, por vezes, erroneamente empregadas como sinônimas.

- **AIDS** é a sigla em inglês de *Acquired Immune Deficiency Syndrome* [Síndrome da Imunodeficiência Adquirida] e indica uma condição que deixa o paciente vulnerável a infecções.
- **HIV** é a abreviatura de *Human Immunodeficiency Virus* [Vírus da Imunodeficiência Humana] e indica um vírus que ataca o sistema imunológico natural do corpo, muitas vezes causando a AIDS.

airplane Ver **aeroplane**.

aisle [nave de igreja, corredor de avião, aleia]

➤ Essa palavra é frequentemente confundida com **isle** [ilha].

alias [apelido, alcunha], **alibi** [álibi]

Alibi é às vezes usado informalmente no sentido de desculpa, justificativa, embora esse uso seja considerado incorreto.

align [alinhar], **alignment** [alinhamento]

Nas duas palavras, o grupo *-lign* é pronunciado como a palavra ***line*** /lain/.

allay, alleviate, assuage [aliviar, amenizar, aplacar]

As três palavras têm o mesmo sentido geral e muitas vezes são intercambiáveis. Mas há certos contextos em que uma é preferível às outras. Por exemplo:

- Um *problem* [problema] pode ser **alleviated** [amenizado], mas nunca **allayed** ou **assuaged**.
- Um *desire* [desejo] pode ser **assuaged** [aplacado], mas nunca **allayed** ou **alleviated**.

allege [alegar, afirmar], **allegation** [alegação, afirmação, pretexto], **allegedly** [alegadamente, presumivelmente]

As três palavras são grafadas com *l* duplo. Observe também que o segundo *e* desaparece em **allegation**, e que **allegedly** é pronunciada em quatro sílabas /a-**lej**-id-li/.

all ready, already

- **all ready** significa "completamente preparado", "pronto", como em: *They were all ready by 6 o'clock* [Todos estavam prontos às 6 horas].
- **already** significa "já", como em: *He had already had his lunch* [Ele já tinha almoçado]. ▪ *Is it lunchtime already?* [Já é hora do almoço?].

all right, alright [tudo certo, tudo bem]

Embora cada vez mais comum, **alright** é visto por muitos como incorreto. Evite-o nos textos mais formais.

all together [todos juntos], **altogether** [no total]

Ao escrever, use a forma correta:

- **all together** significa "em conjunto", "todos juntos". Observe que as duas palavras podem estar separadas na frase, como em: *We put the sheep all together in one field* [Pusemos os carneiros todos juntos num pasto]. ▪ *We put all the sheep together in one field* [Pusemos todos os carneiros juntos num pasto].
- **altogether** significa "no total", como em: *How many sheep are there altogether?* [Quantos carneiros há no total?].

allude [aludir, fazer alusão], **elude** [evitar, esquivar-se de, escapar a]

Veja exemplos de emprego dessas duas palavras:

- to **allude**: *When she talked of how happy she was, we took it she was alluding to her new partner* [Quando ela falou de como estava feliz, entendemos que estava fazendo alusão ao seu novo companheiro]. Observe que **allude** não deve ser usado quando algo é mencionado diretamente:

  ✗ *She alluded to her holiday in France at every opportunity* [Ela aludia a suas férias na França a toda oportunidade].

- to **elude**: *Known as 'Lucky' amongst the criminal fraternity, he had eluded the police for many years* [Conhecido como "Sortudo" entre os criminosos, ele tinha se esquivado da polícia por muitos anos]. ▪ *A cure for cancer continued to elude* *the scientists* [Uma cura do câncer continuava a escapar aos cientistas].

Observe que **allude** é grafado com *l* duplo, e **elude**, com *l* simples.

allusion [alusão], **delusion** [delusão], **illusion** [ilusão]

Observe os diferentes significados dessas palavras:

- **allusion** é uma referência indireta, como em: *I understood this to be an allusion to his past life* [Entendi que isso fosse uma alusão a seu passado].
- **delusion** é uma falsa crença interior ao sujeito, mais profunda e deformadora do que a ilusão: *He suffers from the delusion that he's attractive to women* [Ele padece da delusão de que é atraente para as mulheres].
- **illusion** é algo que resulta numa aparência ou sensação falsa: *The high ceiling and white walls create the illusion of space in what is, in reality, quite a small room* [O teto alto e as paredes brancas criam uma ilusão de espaço no que é, na verdade, um cômodo bastante pequeno].

Observe que **allusion** e **illusion** são escritas com *l* duplo, e **delusion**, com *l* simples.

almond [amêndoa]

Lembre-se de grafar o *l*, que não é pronunciado.

almost [quase]

Grafado com *l* simples.

alone [sozinho, somente, apenas]

Observe que **alone** tem sentidos diferentes, dependendo de sua posição na frase. Pode significar "sozinho", "sem ninguém": *He has lived alone since his mother died* [Ele mora sozinho desde que a mãe morreu]. ▪ *She always works alone* [Ela sempre trabalha sozinha]. Também pode significar "só", "somente", "apenas": *He alone knows the answer to the riddle* [Só ele conhece a resposta do enigma].

already Ver **all ready**.

alright Ver **all right**.

also, as well, too [também]

Em inglês bastante formal, é preferível usar **also** a usar **as well** ou **too**. Por exemplo:

✔ *Jane was also there.* ✘ *Jane was there as well* (ou *too*) [Jane também estava lá].

Evite terminar uma oração com **also**, como em:

✘ *There was champagne and caviar, and smoked salmon also* [Havia champanhe e caviar, e salmão defumado também].

Não é aceitável, em inglês formal, usar **also** como sinônimo de **and** [e]:

✘ *There was champagne and caviar, also smoked salmon.*

alternate, alternative

Observe as diferenças de significado e pronúncia dessas palavras:

- O verbo **alternate** se pronuncia /**awl**-ter-nayt/ e significa "alternar", como, por exemplo, em: *Her mood alternates between elating and deep despair* [Seu humor alterna entre a euforia e o profundo desespero]. O adjetivo **alternate** se pronuncia /awl-**ter**-nit/ e significa "alternado", como em: *alternate periods of flooding and drought* [períodos alternados de cheia e baixa] ▪ *She visits her parents on alternate Saturdays during term time* [Ela visita os pais em sábados alternados durante o período letivo]. Observe que o inglês americano usa o adjetivo **alternate**, enquanto o inglês britânico prefere a forma **alternative**. Então, por exemplo, *an alternate route* [uma rota alternativa, em inglês americano] e *an alternative route* [uma rota alternativa, em inglês britânico].
- **alternative** é pronunciada /awl-**ter**-na-tiv/. Como substantivo, tem o sentido de "alternativa", "possibilidade", como em: *There are several equally attractive alternatives* [Existem várias alternativas igualmente atraentes]. Como adjetivo, **alternative** refere-se a "uma segunda possibilidade entre duas", como em: *an alternative method of payment* [um método alternativo de pagamento].

although, though [embora, mas]

Há pouca diferença entre essas duas palavras, exceto a de que somente **though** pode ser usada no final de uma oração, como em: *We finished in good time. It was very hard work, though* [Terminamos no tempo certo. Mas foi um trabalho duro].

altogether Ver **all together**.

aluminium, aluminum [alumínio]

Aluminium é a forma britânica, que se pronuncia /al-u:-**min**-ium/. **Aluminum** é a forma americana, com pronúncia /al-**u:**-min-um/.

amend [corrigir, emendar], **emend** [revisar, corrigir]

Essas palavras são frequentemente confundidas.

- **amend** implica alteração, como em: *The law will have to be amended* [A lei terá que ser emendada]. ▪ *She really must amend her behaviour* [Ela tem mesmo que corrigir seu comportamento].
- **emend** faz parte do jargão gráfico e se aplica especificamente à escrita: *He amended the typescript before sending it to the printers* [Ele revisou a cópia digitada antes de enviá-la para a impressão].

America, American Ver **United States of America**.

amiable, amicable [amigável, amistoso]

As duas palavras expressam a mesma ideia, mas **amiable** é usada com relação a pessoas e **amicable** com relação a ações ou situações. Assim, *Many people are afraid of him, though I found him be perfectly amiable* [Muita gente tem medo dele, embora eu o tenha achado perfeitamente amigável]. ▪ *The discussions were amicable, though business-like* [As discussões foram amigáveis, embora em tom comercial].

among(st) Ver **between**.

amoral [amoral, que não tem moral], **immoral** [imoral, que vai contra a moral]

Observe as diferenças de sentido.

- **amoral**: *The novel 'American Psycho' depicts an amoral anti--hero* [O romance *O psicopata americano* apresenta um anti--herói amoral].
- **immoral**: *People-traffickers should be punished for their immoral crime* [Os traficantes de pessoas deviam ser punidos por crime imoral].

an Ver **a**.

anaesthetic [anestésico]

Sempre grafado com *-ae-* em inglês britânico.

analogous Ver **similar**.

analyse [analisar], **analysis** [análise], **analyst** [analista]

As três palavras são grafadas com *y* (e não *i*); a forma **analyze** é americana. Lembre que o plural de **analysis** é **analyses**, com pronúncia /an-al-i-**seez**/.

and [e]

O uso informal de **and** depois de palavras como ***try*** e ***sure*** não é aceitável em contextos formais. Em seu lugar, use ***to***.

✘ *Try and eat a little more.* ✔ *Try to eat a little more* [Tente comer mais um pouco].

✘ *Be sure and leave early.* ✔ *Be sure to leave early* [Assegure--se de sair cedo].

annex [anexar], **annexe** [anexo]

Annex é verbo, e **annexe** é substantivo.

annihilate [anular], **annihilation** [anulação]

As duas palavras são grafadas com *n* duplo, um *h* em posição central e *l* simples. Conhecer a origem latina da palavra (*nihil* = nada) ajuda a lembrar a grafia.

anonymous [anônimo]

Grafada com *y* (e não *i*).

answer [responder, resposta]

Lembre que o *w* não soa na palavra falada.

ante- [ante-], **anti-** [anti-]

Na escrita, não confunda esses prefixos, que têm significados diferentes.

- **ante-** tem o sentido de "antes de", como em: *antecedent* [antecedente], *antediluvian* [antediluviano], *antenatal* [pré-natal].
- **anti-** tem o sentido de "contra", como em: *anticlimax* [anticlímax], *antifreeze* [anticongelante], *antisocial* [antissocial], *anti-war* [antiguerra].

antenna [antena]

Essa palavra tem dois plurais, **antennae** e **antennas**, mas com sentidos diferentes.

- **antennae** designa os órgãos sensoriais dos insetos.
- **antennas** designa receptores (de som, imagem, etc.). Aliás, neste sentido, a palavra, tanto singular como plural, tem um sinônimo bastante empregado: *aerial(s)*.

anti- Ver **ante-**.

anticipate [antecipar]

Note que a palavra é grafada com *i* antes do *c*.

antisocial Ver **unsociable**.

anyone [alguém], **any one** [qualquer um]

Na escrita, tome cuidado para usar a forma certa.

- **anyone**: *Is there anyone there?* [Há alguém lá?] ▪ *We didn't know anyone at the meeting* [Não conhecíamos ninguém na reunião].
- **any one**: *There were three candidates who impressed me: I would offer any one of them the job* [Houve três candidatos que me impressionaram: eu ofereceria o emprego a qualquer um deles].

anytime [alguma hora], **any time** [qualquer hora]

Observe os exemplos: *Is there any time of the day when no-one is in the house?* [Há alguma hora do dia em que não há ninguém em casa?]. ▪ *Drop in and see me anytime* [Venha me ver a qualquer hora].

anyway [de qualquer modo, apesar disso], **any way** [algum modo]

Observe os exemplos:

- **anyway**: *I didn't get the job; anyway, the hours wouldn't have suited me* [Eu não consegui o emprego; de qualquer modo, o horário não me conviria]. ▪ *He isn't one of my favourite directors, but I went to see the film anyway* [Ele não é um de meus diretores prediletos, mas, apesar disso, fui ver o filme].
- **any way**: *You look worried; can I help you in any way?* [Você parece preocupado; posso ajudá-lo de algum modo?].

apologize, apologise [desculpar-se, pedir desculpas]

Observe que a palavra é grafada com *p* simples. Ambos os finais estão corretos, embora *-ise* não seja usado em inglês americano.

Apostrophe

O uso deste simples sinal gráfico pode causar confusão e, em países de língua inglesa, provoca cartas aos jornais protestando contra os erros vistos em placas comerciais, como, por exemplo:

✗ *potatoe's and carrot's* [batatas e cenouras]

A regra fundamental quanto ao apóstrofo é que nunca se deve usá-lo para indicar o plural, exceto quando há necessidade de clareza nos casos de plurais de certas palavras curtas, como em: *dot the i's and cross the t's* [pingue os *is* e corte os *tês*], *the late 60's* [no final dos anos 60].

O apóstrofo é usado basicamente em dois casos:

- Para indicar posse, como em: *the child's dog* [o cachorro da criança] ▪ *the girls' clothes* [as roupas das meninas] ▪ *Burns's letters* [as cartas de Burns]. Este último exemplo levanta um problema: deve-se acrescentar o *s* a palavras no singular que já terminam com *s*? Em geral, evita-se o *s* quando há problema de eufonia, como em: *Moses' laws* [as leis de Moisés], *Xerxes' army* [o exército de Xerxes], que, se tivessem o *s* acrescentado, deveriam soar como /***mou**-si-sis*/ e /***sher**-shi-sis*/, respectivamente.

Cuidado ao usar o apóstrofo com substantivos plurais que não terminam em *s* para indicar posse; neste caso use apenas o apóstrofo no final da palavra: *women's* [das mulheres], e não *womens'*; *men's* [dos homens], e não *mens'*. Quando o substantivo plural termina em *s*, usa-se apenas o apóstrofo para indicar a posse: *the ladies' room* [a sala das senhoras].

- Para indicar que algumas letras foram eliminadas para obter uma versão abreviada da palavra, como em: *I'll go – I will go* [eu irei], *you can't – you cannot* [você não pode], *I'd object – I would object* [eu me oporia], *hits of the '80s – hits of the 1980s* [sucessos dos anos 80].

➤ Ver também **it's**.

appal, appall [amedrontar, consternar]

Em inglês britânico o infinitivo **appal** e a terceira pessoa do singular do presente simples, **appals**, são escritos com apenas um *l*. Em inglês americano as duas formas são grafadas com *l* duplo. Em inglês britânico o particípio presente **appalling** e o passado simples/particípio passado **appalled** são escritos com *l* duplo.

apparatus [aparelho]

Observe o *p* duplo. Essa palavra tem dois plurais possíveis: **apparatus** e **apparatuses**, este menos comum.

apparent [aparente], **apparently** [aparentemente]

As duas palavras são grafadas com *p* duplo.

appendix [apêndice]

Tem dois plurais: **appendixes** e **appendices**.

- **appendixes** é usado no sentido anatômico.
- **appendices** é usado para indicar seções extras no final de alguns livros. **Appendixes** também é por vezes usada nesse sentido.

appraise [avaliar], **apprise** [informar]

Observe os exemplos:

- **appraise**: *to appraise the performance of the staff* [avaliar o desempenho do quadro de funcionários].
- **apprise**: *The ambassador apprised the Foreign Secretary of the latest developments* [O embaixador informou o Ministério das Relações Exteriores dos últimos acontecimentos].

appreciate [apreciar], **appreciation** [apreciação]

Observe o *p* duplo, o *e* e o *c*.

appropriate [apropriar-se]

O primeiro *p* é duplo.

apt Ver **liable**.

aquarium [aquário]

Essa palavra tem dois plurais: **aquariums** e **aquaria**, forma menos comum.

-ar Ver **-er**.

arbiter, arbitrator [árbitro]

- **arbiter** é a pessoa cujas opiniões são respeitadas e seguidas, como em: *an arbiter of taste and fashion* [um árbitro do gosto e da moda].
- **arbitrator** é a pessoa escolhida para decidir entre duas pessoas ou grupos numa disputa, como em: *He acts as arbitrator in industrial disputes* [Ele age como árbitro nas disputas industriais].

Observe que também é correto usar **arbiter** nesse sentido.

argue [discutir, argumentar], **argument** [discussão, argumento]
Observe que o *e* de **argue** desaparece em **argument**.

as Ver **like**.

ascent [escalada, ascensão], **assent** [acordo, concordância, concordar]
Observe as diferenças de grafia destas palavras e seu emprego nos exemplos:

- **ascent**: *the first ascent of Everest* [a primeira escalada do Everest] ▪ *his rapid ascent to the top job in the company* [sua rápida ascensão até o posto mais alto da empresa].
- **assent**: *Luke had taken her silence for assent* [Luke entendeu o silêncio dela como concordância]. ▪ *Reluctantly, she assented* [Com relutância, ela concordou].

ascertain [verificar, certificar-se]
Pronuncia-se /a-ser-**tayn**/, com tônica na terceira sílaba.

ascetic Ver **aesthetic**.

asphyxiate [asfixiar], **asphyxiation** [asfixia]
Observe o grupo *-ph-y-x-* em posição central.

assassin [assassino], **assassinate** [assassinar], **assassination** [assassínio]
Observe os dois grupos de *s* duplo nas três palavras.

assistance [assistência, ajuda], **assistant** [assistente]
Grafados com *s* duplo no início e *s* simples em posição medial.

assuage Ver **allay**.

assume Ver **presume**.

assurance, insurance
Essas duas palavras são frequentemente confundidas. **Assurance** é a garantia de pagamento de uma soma fixa num momento acordado, por exemplo, *life assurance* [seguro de vida]. **Insurance**

refere-se a uma soma variável, que só é paga em certas circunstâncias, como incêndio ou roubo, como, por exemplo, *car insurance* [seguro de automóvel].

asthma [asma]

Observe o grupo *-th-* em posição medial, que não soa quando a palavra é pronunciada.

astronomy [astronomia], **astrology** [astrologia]

Essas palavras não devem ser confundidas. O elemento *astro-* mostra que ambas se referem aos astros (do grego *astron*, estrela), mas seus significados são muito diferentes.

as well Ver **also**.

-asy Ver **-acy**.

atheist [ateu], **agnostic** [agnóstico]

- **atheist** é alguém que não acredita que Deus existe.
- **agnostic** é alguém que acredita serem inacessíveis ao conhecimento humano os problemas religiosos e metafísicos, entre eles a existência de Deus.

athlete [atleta]

Algumas pessoas pronunciam a palavra como /atha-a-leet/, o que deve ser evitado.

athletics [atletismo]

Por ser terminada em *s*, essa palavra às vezes causa confusão. Trata-se de um substantivo singular que, portanto, deve ser usado com o verbo no singular: *Athletics is his passion, though he also enjoys football* [O atletismo é sua paixão, embora ele também goste de futebol].

attach Ver **detach**.

aural [auricular, auditivo], **oral** [oral, bucal]

Observe as diferenças de sentido nos seguintes exemplos:

- **aural**: *an aural test* [um teste auditivo].
- **oral**: *oral hygiene* [higiene bucal] ▪ *The students have done the written paper already; the oral part of the exam is on Wednesday*

[Os alunos já fizeram a prova escrita; a parte oral do exame é na quarta-feira].

authoritarian [autoritário], **authoritative** [autorizado, que tem autoridade]

Observe os diferentes significados:

- **authoritarian**: *an authoritarian regime* [um regime autoritário].
- **authoritative**: *an authoritative source* [uma fonte autorizada].

averse Ver **adverse**.

avert, avoid, evade [evitar]

Essas palavras costumam ser confundidas.

- **avert** é um tanto formal e é empregado quando se trata de evitar que algo desagradável aconteça, como em: *The threatened crisis was thus averted* [A crise que se ameaçava foi assim evitada].
- **avoid** é empregado quando se trata de evitar desviando, afastando, como em: *The lorry swerved to avoid the sheep* [O caminhão desviou para evitar os carneiros]. ▪ *He avoided her gaze* [Ele evitou o olhar dela].
- **evade** é empregado quando se trata de evitar furtando-se ou esquivando-se, como em: *It is illegal to evade tax* [É ilegal esquivar-se de impostos]. ▪ *You're trying to evade the question, minister* [O senhor está tentando se esquivar da pergunta, ministro].

awesome [espantoso], **awful** [horrível], **awfully** [horrivelmente]

Observe o *e* depois de *w* em **awesome**, e que **awfully** é grafado com *l* duplo.

Ayers Rock, Uluru

O famoso monólito da Austrália é oficialmente conhecido por **Uluru**, uma palavra aborígine. Usar **Ayers Rock**, para muitos australianos, soa antiquado e até mesmo desrespeitoso com relação à cultura aborígine.

B

bachelor [solteirão]

Observe que não há *t* antes de *ch*, mas ele é pronunciado.

bacillus [bacilo]

O plural é **bacilli**.

backward [para trás, atrasado, retrógrado], **backwards** [para trás, retrospectivamente]

Backward pode ser advérbio ou adjetivo; **backwards** só é advérbio. Em inglês britânico, o advérbio mais usual é **backwards**, como em: *He toppled backwards and his head hit the wall* [Ele caiu para trás e bateu a cabeça na parede]. Em inglês americano, o mais comum é **backward**, como em: *He toppled backward and his head hit the wall.*

bacteria [bactérias]

Lembre que **bacteria** é o plural de **bacterium**, portanto o verbo deve ir para o plural.

✘ *The type of bacteria has not yet been identified.*

✔ *The type of bacterium has not yet been identified* [O tipo de bactéria ainda não foi identificado].

✔ *The bacteria have not yet been identified* [As bactérias ainda não foram identificadas].

bade Ver **bid**.

baggage [bagagem]

O *g* duplo é seguido pelo grupo *-age*. A forma americana correspondente é **luggage**.

bail [fiança], **bale** [monte de feno, baldear]

Observe as grafias e os diferentes sentidos dessas duas palavras. Como verbos, **bale** ou **bale out** significam "baldear", "jogar água fora de um barco"; **bale out** também significa "saltar de um avião em situação de emergência".

bait [isca, iscar], **bate** [conter a respiração]

Observe as grafias diferentes dessas duas palavras e de seus passados simples e particípios passados, respectivamente **baited** e **bated**.

balk, baulk [obstáculo, contratempo]

As duas grafias são corretas, mas **baulk** é mais comum.

barely, hardly, scarcely [mal]

Numa frase, é incorreto colocar **than** depois dessas palavras. Use **when** ou **before**, como em: *They had barely got the tent up when a blizzard began* [Eles mal tinham montado a barraca quando começou uma nevasca]. ▪ *The film had hardly started before the fire alarm rang* [O filme mal tinha começado quando soou o alarme de incêndio]. ▪ *We had scarcely begun our discussion when Keith was called away* [Nós mal tínhamos começado nossa discussão quando Keith foi chamado].

➤ Ver também **double negatives**.

basically [basicamente]

Observe que o final é grafado *-ally* (e não *-ly*).

> ***Uso***
>
> Em inglês formal, escrito ou oral, evite usar **basically** para dar ênfase ou introduzir uma declaração: *Well, basically, I don't think it's a very good idea* [Bem, basicamente, não acho que seja uma boa ideia]. Aqui, a palavra não quer dizer absolutamente nada.

basis [base]

O plural é **bases**.

bass [baixo], **base** [baixo, vil]

Com relação à música, deve-se usar a forma **bass**.

bate Ver **bait**.

bath, bathe

Em inglês britânico, **bath** é substantivo [banheira] ou verbo [banhar-se, banhar alguém numa banheira]. O inglês americano usa o verbo **bathe** nesses sentidos. Em inglês britânico, **bathe** significa "nadar" ou "lavar uma parte do corpo".

bathos [*báthos*], **pathos** [*páthos*]

Essas duas palavras de origem grega são facilmente confundidas. A mais comum delas, **pathos**, significa "a qualidade que desperta compaixão", enquanto **bathos** significa "anticlímax".

baton [cassetete, batuta], **batten** [tábua de assoalho]

Observe a diferença de sentido e de grafia dessas duas palavras.

battalion [batalhão]

Grafada com *t* duplo e *l* simples.

baulk Ver **balk**.

beautiful [belo, bonito]

Observe a ordem correta das vogais *-e-a-u-*.

because [porque]

Muitas vezes, na linguagem escrita, **because** é usado erroneamente.

- **because** não deve introduzir uma oração subordinada referindo-se a ***reason*** [razão] ou ***reason why*** [razão pela qual] presente na oração principal:

  ✘ *The reason (why) she didn't get an interview was because she was too young.*

  ✔ *The reason (why) she didn't get an interview was that she was too young.*

  [A razão pela qual ela não conseguiu uma entrevista foi o fato de ser jovem demais.]

because of [por causa de], **due to** [devido a], **owing to** [devido a]

- **because of** e **owing to** são usados com referência a um verbo (sublinhado em nossos exemplos): *The meeting was cancelled because of the rail strike* [A reunião foi cancelada por causa da greve dos trens]. ▪ *Owing to bad weather, most of the fishing fleet returned to port* [Devido ao mau tempo, a maior parte da frota pesqueira retornou ao porto].
- Segundo a gramática tradicional, **due to** só deveria ser usado com referência a um substantivo (sublinhado em nosso exemplo): *Their success was due to prudent financial management* [O sucesso deles foi devido a um prudente gerenciamento financeiro]. Contudo, hoje se aceita o uso de **due to** com referência a um verbo, como em: *The window frame has to be replaced due to damage to the double glazing unit* [A estrutura da janela tem que ser substituído devido a um dano na unidade de vidro duplo].

beggar [mendigo, pedinte]

Observe que o final é grafado com *-ar*, e não *-er*, sufixo mais comum para indicar o agente da ação expressa pelo verbo.

begin [começar], **beginner** [iniciante], **beginning** [começo]

Observe o *n* duplo em **beginner** e **beginning**. O passado simples de **begin** é **began**, e o particípio passado, **begun**.

begin, commence, start [começar]

Observe as diferenças de emprego.

- Em inglês escrito, **begin** é mais formal que **start**, e **commence** é mais formal que **begin**, como em: *You may start* [Você pode começar]. ▪ *You may begin.* ▪ *You may commence* [O senhor pode começar].
- **begin** ou **start** podem ser seguidos por um infinitivo ou pela forma *-ing* de um verbo. Observe, contudo, que a forma *-ing* é mais comum quando nos referimos a uma atividade que prossegue por um longo período de tempo. Perceba a diferença nos seguintes exemplos: *She began to make friends as soon as she*

arrived [Ela começou a fazer amigos assim que chegou]. ▪ *The bush started to show signs of life* [O arbusto começou a dar sinais de vida]. ▪ *He began playing the violin when he was six* [Ele começou a tocar violino aos seis anos de idade]. ▪ *The men started painting the bridge in April* [Os homens começaram a pintar a ponte em abril]. **Commence** é sempre seguido pela forma *-ing*, como em: *The lawyer for the defence will now commence cross-examining the witness* [O advogado de defesa agora vai começar a interrogar a testemunha].

behaviour, behavior [comportamento]

A primeira forma é a do inglês britânico; a segunda, a do inglês americano.

beige [bege]

Observe que o *e* vem antes do *i*. (Pronuncia-se /beij/).

believe [acreditar]

Observe que o *i* vem antes do *e*.

beloved [amado]

Há duas maneiras de pronunciar essa palavra, dependendo de seu emprego.

- Quando usada como substantivo, é pronunciada em três sílabas, com tônica na segunda /bi-**lâv**-id/, como em: *Come to me, my beloved!* [Vem para mim, minha amada!]. A mesma pronúncia ocorre na maioria de seus empregos como adjetivo: *There was nothing he would not do for his beloved daughter* [Não havia nada que ele não fizesse para sua amada filha].
- Em alguns casos em que é empregada como adjetivo, especialmente quando parte de um composto, a palavra **beloved** é pronunciada em duas sílabas, ou seja, /bi-lâvd/, como em: *his much-beloved father* [seu queridíssimo pai].

berserk [frenético]

Observe o *r* antes do *s*.

beside [ao lado de], **besides** [além de]

- **beside** é preposição. Observe o exemplo: *Duncan is the tall man standing beside my father* [Duncan é o homem alto que está ao lado de meu pai].
- **besides** é advérbio. Observe o exemplo: *Do you know any good plumbers besides old Mr Clark?* [Você conhece algum bom encanador além do velho senhor Clark?]. Às vezes **beside** também é empregado nesse sentido, mas esse uso deve ser evitado em inglês formal.

between [entre (*prep*)]

Vários erros podem ser cometidos quando se usa **between**.

- **between** deve ser sempre seguido por um objeto ou um pronome pessoal (ou seja, *me*, *you*, *him*, *her*, *them*) e nunca por um sujeito, como em: *There's a sort of animosity going on between them* [Há uma espécie de animosidade ocorrendo entre eles]. Quando houver dois pronomes, cuidado para não transformar o segundo em pronome subjetivo, como em:

  ✘ *Between you and I, I think he's gone a little mad.*

  ✔ *Between you and me, I think he's gone a little mad.*

  [Aqui entre nós, acho que ele está um pouco doido.]

- **between** nunca deve ser seguido por ***each*** ou ***every*** e um substantivo no singular, como em:

  ✘ *They rested for an hour between each performance.*

  ✔ *They rested for an hour between performances.*

  [Eles descansavam uma hora entre as apresentações.]

  ✘ *The congregation sat down again between every hymn.*

  ✔ *The congregation sat down again between hymns.*

  [A congregação tornava a se sentar entre os hinos.]

- **between** deve ser seguido por ***and***, e nunca por ***or***, como em:

  ✘ *Must I choose between having a family or a career?*

✔ *Must I choose between having a family and a career?*

[Devo escolher entre ter uma família ou uma carreira?]

Observe que, em português, neste caso usamos a conjunção alternativa *ou*.

- **between** não deve ser repetido antes do segundo elemento de um par de palavras, em que a primeira é longa e seguida por ***and***, como em:

  ✘ *There's a world of difference between exploring the wilderness with an experienced guide who knows the terrain well enough to keep you out of danger and between wandering off by yourself.*

  ✔ *There's a world of difference between exploring the wilderness with an experienced guide who knows the terrain well enough to keep you out of danger and wandering off by yourself.*

  [Há um mundo de diferença entre explorar o deserto com um guia experiente que conheça bem o terreno para evitar que se ocorra perigo e se fique vagando por aí sozinho.]

between, among(st)

Observe os seguintes pontos relativos ao uso de **between** e **among(st)**:

- **between** é tradicionalmente usado para descrever a relação de apenas duas pessoas ou coisas, que quase sempre são nomeadas ou designadas por um número, como em: *The state was divided between Hugh and George* [A propriedade foi dividida entre Hugh e George]. ▪ *I want to share the money equally between my two sons* [Quero dividir o dinheiro igualmente entre meus dois filhos]. ▪ *The sugar is on the top shelf, between the rice and the coffee* [O açúcar está na última prateleira de cima, entre o arroz e o café]. Contudo, hoje também é comum e muito aceito o uso de **between** com relação a mais de duas pessoas ou coisas, como em: *I want to share the money between John, Peter and Louise* [Quero dividir o dinheiro entre John, Peter e Louise].

- **among** ou **amongst** geralmente é usado com relação a mais de duas pessoas ou coisas, especialmente quando não são nomeadas individualmente, como em: *They came upon a little house amongst the trees* [Eles chegaram a uma casinha entre as árvores]. ▪ *The jar is on the top shelf, amongst the other food containers* [A jarra está na última prateleira de cima, entre as outras caixas de alimento].

biannual, bienal

Observe as diferentes grafias.

- **biannual** significa "que acontece duas vezes por ano, bianual".
- **bienal** significa "que dura dois anos ou acontece a cada dois anos, bienal".

biased, biassed [preconcebido, tendencioso]

As duas grafias são corretas, mas a segunda (com *s* duplo) é menos comum.

bid [dar boas-vindas, adeus, etc.; ficar, dizer, mandar], **biddable** [obediente, dócil] e **bidding** [lance, convite, ordem]

Com o sentido de "ficar, dizer ou mandar", o passado de **bid** é **bade**, com pronúncia /beid/ ou /béd/. Observe o *d* duplo no adjetivo **biddable** e no gerúndio **bidding**.

billiards [bilhar]

Observe que a palavra **billiards** é seguida por um verbo no singular, como em: *Billiards is less popular than snooker* [O bilhar é menos popular que a sinuca].

billion [bilhão]

Cuidado com a quantia expressa por essa palavra. Em inglês britânico, ela era (e ocasionalmente ainda é) usada para expressar "um milhão de milhões" (1.000.000.000.000). Modernamente, usa-se **billion** para expressar "mil milhões" (1.000.000.000).

binoculars [binóculo]

Esta palavra leva o verbo para o plural, como em: *My binoculars are in the glove compartment* [Meu binóculo está no porta-luvas].

biscuit [*biscuit*]

Como em português, a palavra é um empréstimo do francês. Cuidado com o grupo *-c-u-i-t*.

blamable, blameable [culpável, censurável]

As duas grafias são corretas, mas observe que a forma com *e* é mais fácil de ser lida.

blasphemous [blasfemo], **blasphemy** [blasfêmia]

Observe o grupo *ph*, pronunciado como /f/.

blond [loiro], **blonde** [loira]

As duas palavras podem ser adjetivos ou substantivos. Ambas são empréstimos do francês e, assim, ao contrário dos adjetivos ingleses, possuem forma masculina e feminina: **blond** é a masculina e **blonde** é a feminina, como em: *He was blond as a child* [Ele era loiro de criança]. ▪ *She's a gorgeous blonde* [Ela é uma loira linda].

bolder, boulder

Cuidado para não confundir a grafia dessas palavras:

- **bolder** é o grau comparativo de superioridade de **bold** [corajoso, bravo].
- **boulder** significa "pedra grande e arredondada [penedo]".

bear [nascer, carregar, dar à luz]

Fique atento para usar a forma correta.

- **born** é o passado e o particípio passado de **bear** quando se refere ao nascimento de alguém ou de alguma coisa, como em: *She was born in Chicago* [Ela nasceu em Chicago]. ▪ *With the creation of the Internet a new era in mass communication was born* [Com a criação da internet, nasceu uma nova era na comunicação de massa].
- **borne** é o particípio passado de **bear** em todos os sentidos do verbo, inclusive "to bear a child" [dar à luz uma criança] (como em: *By the age of 19 she had borne two children* [Por volta dos 19 anos ela tinha dado à luz duas crianças]), mas principalmente no sentido de carregar ou suportar, como em: *The pain was two much to be borne without anaesthetic* [A dor era forte demais para supor-

tar sem anestésicos]. ▪ *The winnter was borne through the streets in triumph on the shoulders of his supporters* [O vencedor foi carregado em triunfo pelas ruas nos ombros dos torcedores].

borrow [pedir emprestado]

Observe que, embora na língua falada a preposição ***off*** seja amplamente empregada com ***borrow***, na língua escrita é mais correto usar ***from***, como em: *He borrowed the file from his boss* [Ele pediu emprestado o arquivo do chefe].

both [ambos, assim como]

Observe que **both** deveria ser seguido de **and**, não de **as well as**:

✘ *She is both depressed as well as angry.*

✔ *She was both depressed and angry.*

[Ela estava deprimida assim como irritada.]

Não é correto usar **both** com mais de dois objetos, como em:

✘ *She is both depressed, angry and afraid for the future.*

boulder Ver **bolder**.

boundary [limite, fronteira, divisa]

Observe o final *-ary*.

breath [respiração, hálito], **breathe** [respirar]

Observe o *-ea-* em posição central. Lembre que **breath** é substantivo e **breathe** é verbo, como em: *She put her head out of the water and took a deep breath* [Ela pôs a cabeça para fora da água e respirou profundamente]. ▪ *He was finding it difficult to breathe* [Ele estava achando difícil respirar]. O particípio presente do verbo é **breathing**, e o passado/particípio passado é **breathed**.

brilliance [brilho, fulgor], **brilliant** [brilhante (*subst.* e *adj.*)]

Observe o *l* duplo e os finais *-ance* e *-ant*.

British Asian [asiático britânico]

Esse é o termo preferível para o cidadão britânico descendente de pessoas que vieram originalmente do subcontinente indiano.

broach [broche, levantar um assunto], **brooch** [broche]

- Observe que **broach** pode ser verbo ou substantivo e **brooch** é apenas substantivo.

broccoli [brócolis]

Observe o *c* duplo e o *l* simples.

brochure [folheto, brochura]

Palavra grafada com *ch* (e não *s*).

bruise [machucadura; machucado]

O *u* é seguido de *i*, e a pronúncia é /bru:z/.

bulk [o grosso, a maioria], **most** [a maior parte], **majority** [a maioria]

É correto usar a expressão "the **bulk** of" antes de substantivo incontável, como em: *The bulk of our overseas trade is with the Far East* [O grosso de nosso comércio ultramarino é com o Extremo Oriente]. Contudo, quando o substantivo é contável, use "**most** of" ou "the **majority** of": *Most of the girls speak French* [A maior parte das garotas fala francês]. ▪ *The majority of the text messages are sent between friends* [A maioria das mensagens de texto é trocada entre amigos].

buoy [boia, salva-vidas], **buoyancy** [flutuabilidade; leveza], **buoyant** [flutuante, boiante]

Observe o grupo *-uo-* nessas palavras, bem como os finais *-ancy* e *-ant*.

burglar [ladrão], **burglary** [roubo]

Observe os finais *-ar* e *-ary*.

Burma, Burmese Ver **Myanmar**.

bus [ônibus]

Em inglês britânico, o plural é **buses**. Em inglês americano, também existe a forma **busses**.

business [negócio]

Observe o *u* e o *s* duplo no final da palavra, bem como o *i*, que não é pronunciado.

but [mas, porém]

Algumas pessoas têm objeção quanto ao uso de **but** no início de uma oração em inglês formal. Contudo, isso não é um desrespeito à gramática e pode criar um poderoso efeito de contradição ou questionamento, como em: *They said it would be easy. They said it would be quick. But how wrong they were!* [Eles disseram que seria fácil. Disseram que seria rápido. Mas como eles estavam errados!].

buy [comprar]

Embora a preposição ***off*** seja amplamente usada com **buy** na língua falada, é mais correto usar ***from*** na escrita: *The company bought the parts from a local supplier* [A companhia comprava as peças de um fornecedor local].

C

caffeine [cafeína]

Observe o *f* duplo e o *e* antes de *i*.

callous [insensível, indiferente, cruel], **callus** [calo]

Cuidado com a grafia dessas palavras, que têm significados diferentes.

campaign [campanha]

Observe a sequência *-p-a-i-g-n*.

can, may [poder]

A distinção tradicional entre esses dois verbos é que **may** deve ser usado quando se pede ou concede permissão, e **can** só deve ser usado para se referir a habilidade ou possibilidade, como neste exemplo:

- Greedy child: *Can I have another doughnut?* Pedantic mother: *You can, but you may not.*
  [*Criança gulosa*: Posso comer outra rosquinha? *Mãe pedante*: Você pode, mas não tem permissão.]

A ideia é, evidentemente, que a criança é fisicamente capaz de comer outra rosquinha, mas a mãe não lhe está dando permissão para isso. Contudo, **can** hoje é usado em todos os sentidos, inclusive o de pedir ou dar permissão. Em alguns contextos, o sentido de permissão fica mais claro com **can** que com **may**. No exemplo *Ladies may use the saunas on Tuesday and Thursday afternoons* [As senhoras podem usar as saunas nas tardes de terça e quinta], observe a ambiguidade criada pelo uso de **may**. Não fica claro se a intenção é avisar que as senhoras têm permissão para usar as saunas nesses dias (mas não nos outros), ou se há uma possibilidade de elas usarem as saunas nesses dias.

➤ Ver também **could**.

cancel [cancelar, cancelamento], **cancellation** [cancelamento]

Em inglês britânico, o *l* de **cancel** é duplicado no substantivo e nas formas verbais **cancelling** e **cancelled**. Em inglês americano, aceitam-se as grafias **canceled** e **canceling**.

can not, cannot [não poder]

Em inglês britânico, **cannot** é a forma usada, com exceção de alguns casos em que o **not** está ligado à palavra que se segue, devendo ser separado de **can**, como em: *The drug can not only alleviate the physical symptoms of the disease but also gives patients a feeling of wellbeing* [A droga consegue não apenas aliviar os sintomas físicos da doença, como também oferece aos pacientes uma sensação de bem-estar].
Em inglês americano, **can not** é a forma preferida nos casos em que o inglês britânico usa **cannot**.
Com exceção dos contextos muito formais, **cannot** pode ser abreviado para **can't**.

canoe [canoa], **canoeing** [canoagem; p. presente de **canoe**, canoar]

O *e* final de **canoe** é mantido na forma **canoeing**.

canvas, canvass

- **canvas** é um tecido grosso e impermeabilizante (lona).
- **canvass** é um verbo que significa "pedir votos ou apoio", como em: *They were convassing for the Libertal Democrats* [Eles estavam pedindo votos para os Democratas Liberais].

cappuccino [*cappuccino*]

Palavra de origem italiana, grafada com *p* e *c* duplos.

capsize [emborcar, capotar]

Sempre escrito com *-ize* (nunca com *-ise*).

carburetter, carburettor [carburador]

Em inglês britânico, as duas grafias são aceitas, mas o inglês americano escreve a palavra com *t* simples.

career [carreira]

Observe o *r* simples no meio da palavra.

caress [carícia, acariciar]

Note o *r* simples no meio da palavra e *s* duplo no final.

carriage [carroça, carruagem; vagão de trem]

Observe o *r* duplo e o *i* antes do *a*.

casual [ocasional], **casually** [casualmente, ocasionalmente], **casualty** [acaso, vítima de acidente, baixa]

Note o *u* antes do segundo *a*, que por vezes não soa na pronúncia.

catarrh [catarro]

Observe o final *-rrh*.

-ce, -se

Palavras com essas terminações são frequentemente confundidas. Algumas regras gerais determinam o uso de cada uma.

- Os substantivos relacionados com adjetivos terminados em *-ant* ou *-ent* são grafados com **-ce**, por exemplo: *different/difference* [diferente/diferença], *correspondent/correspondence* [correspondente/correspondência], *ignorant/ignorance* [ignorante/ignorância], *assistant/assistance* [assistente/assistência].
- Palavras cujos finais são pronunciados com o som /z/ são escritas com **-se**, por exemplo: *advise* [aconselhar], *devise* [projetar; tramar], *expertise* [perícia], *franchise* [franquia], *house* (verbo) [abrigar], *refuse* [recusar], *revise* [revisar].

➤ Ver também **-ize** ou **-ise**.

- Palavras cujos finais são pronunciados com o som /s/ após uma vogal são geralmente escritas com **-ce**, por exemplo: *advice* [conselho], *choice* [escolha], *deduce* [deduzir], *device* [plano, planejar], *justice* [justiça], *mice* [camundongos], *office* [escritório], *obtuse* [obtuso], *profuse* [profuso], *promise* [promessa, prometer], *refuse* [recusar].
- Palavras cujos finais são pronunciados com o som /s/ após uma consoante podem representar um problema maior, pois podem

ser grafadas com **-ce** ou **-se**. A lista seguinte inclui algumas das palavras mais comuns dessa categoria.

advance [avançar]
commerce [comércio]
dense [denso]
endorse [endossar]
finança [finança]
immense [imenso]
intense [intenso]
offence [ofensa]
preference [preferência]
pronounce [pronúncia]
recompense [recompensa]
response [resposta]
romance [romance]
tense [tempo verbal]

- Para as diferenças entre a grafia britânica e a americana, consulte os verbetes individuais e em ordem alfabética.

-cede, -ceed, -sede

Esses finais de palavras têm a mesma pronúncia: /si:d/, o que faz que, por vezes, elas sejam confundidas. Observe estas regras de grafia correta:

- A maioria das palavras pronunciadas dessa mesma forma termina por **-cede**, como *accede* [aceder], *concede* [conceder], *precede* [preceder], *recede* [recuar], *secede* [separar-se].
- Só três palavras terminam por **-ceed**: *exceed* [exceder], *proceed* [proceder], *succeed* [sair-se bem].
- Só uma palavra termina por **-sede**: *supersede* [relegar].

ceiling [teto]

A grafia dessa palavra segue uma regra bem conhecida: "*i* antes de *e*, exceto depois de *c*".

cemetery [cemitério]

Cuidado com o *e* medial, que não é pronunciado. Outra palavra para cemitério é **churchyard**, principalmente em inglês britânico.

censer [incensório], **censor** [censor, censurar], **censure** [crítica, culpa, censurar]

Observe as diferenças de sentido e grafia.

ceremonial [cerimônia, cerimonial], **ceremonious** [cerimonioso]

- **Ceremonial** é adjetivo e substantivo, como em: *ceremonial robes* [vestes cerimoniais], *the ceremonial of the investiture* [o cerimonial da investidura]. **Cerimonious** é sempre adjetivo.

cervical [cervical]

Há duas maneiras de pronunciar essa palavra: /**ser**-vikl/ ou /ser--**vi:**-kl/. A segunda é mais comum entre os americanos.

-ch, -tch

As palavras que terminam com o som de /tch/ podem ser grafadas com **-ch** ou **-tch**, conforme as regras que apresentamos abaixo. Contudo, estas regras não podem ser aplicadas a nomes de lugares ou palavras cujo **ch** final é pronunciado /k/, como *epoch* [época] e *loch* [lago – palavra de origem escocesa].

- Se houver uma consoante antes do som /tch/, a grafia será **-ch**: *arch* [arco], *branch* [galho], *church* [igreja], *filch* [surrupiar], *search* [buscar], *squelch* [achatamento], *torch* [tocha, lanterna].
- Se houver um som vocálico representado por mais de uma letra antes do som /tch/, a grafia será **-ch**: *approach* [abordagem, abordar], *brooch* [broche], *couch* [sofá], *debauch* [deboche], *mooch* [roubar, mendigar], *screech* [guincho, guinchar], *teach* [ensinar], *touch* [tocar]. Esta é a única exceção: *aitch* [agá – letra].
- Se houver um som vocálico representado por uma única letra antes do som /tch/, a grafia será **-tch**: *catch* [apanhar], *dispatch* [despachar], *fetch* [ir buscar], *hutch* [recipiente], *scratch* [arranhar], *watch* [observar], *witch* [bruxa]. Há várias exceções a essa regra: *attach* [adicionar], *enrich* [enriquecer], *much* [muito, muita], *ostrich* [avestruz], *rich* [rico], *sandwich* [sanduíche], *spinach* [espinafre], *such* [tal], *which* [que].

chamois [camurça (o animal e o couro dele)]

O nome do animal é pronunciado /**sham**-wah/, e seu couro, /**sha**-mi/.

change [mudança, mudar], **changeable** [mutável]

Observe que o *e* de **change** não desaparece ao se acrescentar o sufixo *-able* para formar o adjetivo **changeable**.

character [caráter, personagem], **characteristic** [característica], **characteristically** [caracteristicamente]

Observe que todas essas palavras começam com *ch*. Note também que **characteristically** termina por *ally* (e não *-ly*).

chasm [abismo, ravina]

Observe que a palavra é escrita com *ch-*, apesar da pronúncia /kézm/.

chief [principal], **chiefly** [principalmente], **chieftain** [líder, capitão]

Observe que o *i* vem antes do *e*.

childish, childlike [de ou como criança, infantil, pueril]

Observe que essas palavras são aplicáveis aos adultos. **Childish** indica desaprovação, mas **childlike** é geralmente usado de maneira aprovadora ou neutra, como em: *That was a really childish thing to do!* [Essa foi mesmo uma ação infantil!]. ▪ *She has a childlike quality that makes her ideal for the part* [Ela tem uma qualidade pueril que a torna ideal para o papel]. ▪ *He was childlike in his naivety* [Ele se mostrou infantil em sua ingenuidade].

chimney [chaminé]

O plural é **chimneys**.

chocolate [chocolate]

Lembre-se do segundo *o*, que geralmente não é pronunciado.

chord [acorde], **cord** [cordão]

A letra *h* faz toda a diferença!

chrysanthemum [crisântemo]

Observe o grupo *ch*, o *y* e o grupo *-the-*.

-cion Ver **-tion**.

classic, classical

- O substantivo e adjetivo **classic** denota uma obra literária ou de outras artes com excelente qualidade e valor duradouro [clássico], como em: '*War and Peace', that classic of Russian literature* [*Guerra e paz*, aquele clássico da literatura russa] ▪ *a classic Hitchcock movie* [um filme clássico de Hitchcock], embora os anunciantes de hoje usem a palavra com o sentido de "não novo, mas ainda bom". Como adjetivo, **classic** também é usado com referência a algo típico de sua espécie, como em: *one of the classic signs of drug dependency* [um dos sinais clássicos da dependência de droga] ▪ *a classic example of a mixed metaphor* [um exemplo clássico de metáfora mista]. Outros sentidos do adjetivo **classic** incluem "simples e elegante", como em: *a variation of the classic little black dress* [uma variante do clássico pretinho]. O substantivo plural **classics** denota o estudo da antiguidade grega e latina, como em: *Nowadays, a smaller percentage of university students study classics* [Hoje em dia, uma porcentagem menor de estudantes universitários estuda os clássicos].

- **classical** é adjetivo e significa "de ou relativo aos clássicos da antiga Grécia e Roma", como em *a classical education* [uma educação clássica], *classical Greek drama* [o drama grego clássico]. A palavra também é usada para se referir à música erudita, em oposição à popular; à arte e à arquitetura dos gregos e romanos, ou influenciadas por eles, e caracterizadas pela contenção, ordem e disciplina, em vez da inovação ou da emoção; e, de maneira mais geral, a algo que é padrão ou bem estabelecido, como em: *classical Marxism* [o marxismo clássico].

clean, cleanse [remover a sujeira de, limpar]

As duas palavras têm o mesmo significado, mas **cleanse** muitas vezes se aplica a uma parte do corpo, com a conotação extra de um processo de limpeza muito intenso, como em: *Taking only fruit juice and water for two or three days will cleanse the system of impurities* [Tomar somente suco de fruta e água por dois ou três dias vai limpar o sistema das impurezas].

cliche [clichê]

O **clichê** refere-se a uma frase ou combinação de palavras que se tornou desgastada pelo uso, por exemplo: *at the end of the day* [no fim do dia], *go hand in hand* [ir de mãos dadas, par a par]. Usar clichês demais vai dar a impressão de que sua capacidade de se expressar é limitada e de que você não tem nada de original a dizer.

clientele [clientela]

Observe o final, grafado *-ele* (e não *-el* ou *-ell*).

climatic, climactic [climático]

Esses dois adjetivos não devem ser confundidos.

- **climatic** significa "relativo ao clima", como em: *The phenomenon known as El Niño has been blamed for the unusual climatic conditions being experienced in various parts of the world* [O fenômeno conhecido como El Niño tem levado a culpa pelas condições climáticas incomuns experimentadas em várias partes do mundo].
- **climactic** significa "com ou como um clímax", como em: *The climactic scene is preceded by a* crescendo *of sound from the orchestra* [A cena climática é precedida por um som em *crescendo* por parte da orquestra].

clique [panelinha, grupo exclusivo]

A pronúncia dessa palavra é /kli:k/.

coercion [coerção]

Observe o final *-cion* (e não *-tion*).

coherence [coerência], **cohesion** [coesão]

As duas palavras têm o sentido geral de "união", mas observe a diferença de uso.

- **coherence**: *The government's policies appear to lack consistency and coherence* [As políticas do governo parecem carecer de consistência e coerência]. ■ *He argues that the coherence of traditional family has been threatened by feminism* [Ele argumenta que a coerência da família tradicional tem sido ameaçada pelo feminismo].
- **cohesion**: *the cohesion of molecules* [a coesão das moléculas] ■ *The cohesion of the Cabinet was torn apart over the issue of the minimum wage* [A coesão do Gabinete acabou por se romper devido à questão do salário-mínimo].

collaborate [colaborar], **collaborator** [colaborador]
Observe o *l* duplo e o *b* simples.

collapse [colapso, sucumbir, desfalecer], **collapsible** [dobradiço, retrátil]
Observe o *l* duplo e o final *-ible*.

Colon [dois-pontos]

O ponto e vírgula, em inglês, apresenta dois usos principais.

- O emprego mais comum dos dois-pontos em um texto comum é indicar que o que se segue **explica**, **expande** ou **completa** a parte anterior. O que se segue aos dois-pontos pode ser uma oração, um período, uma lista ou mesmo uma única palavra. Por exemplo: *All the time she was at the health farm she thought of one thing, and one thing only: food* [O tempo todo em que esteve no *spa*, ela só pensava numa coisa: comida].
  It is certainly the best book I have read on the subject: well-researched, amusing, and packed with fascinating information [Sem dúvida, é o melhor livro que já li sobre o assunto: bem pesquisado, divertido e cheio de informações fascinantes].
  Three of United's players are injured and will miss the big game: James, Stanton and Volkov [Três jogadores do United estão contundidos e vão ficar fora da grande partida: James, Stanton e Volkov].

Evite usar dois-pontos depois do verbo **to be** [ser, estar]:

✘ *In these situations, by far the most important thing is: keep calm.*

✔ *In these situations, by far the most important thing is to keep calm.*

[Nestas situações, a coisa mais importante é manter a calma.]

- Os dois-pontos devem ser usados para introduzir uma **lista tabulada** em que cada um dos itens fica numa nova linha, como em:
  For shortbread you require:
  200g butter at room temperature
  60g ground rice
  85g caster sugar and extra for decoration
  175g plain flour
  [Para fazer biscoito amanteigado você precisa de:
  200 g de manteiga a temperatura ambiente
  60 g de farinha de arroz
  85 g de confeitos de açúcar e um pouco mais para decorar
  175 g de farinha sem fermento]

Os dois-pontos também são usados em **relações**, depois de **cabeçalhos de memorandos** e antes de **subtítulos** de livros, relatórios ou outras publicações.

Colon [dois pontos], semicolon [ponto e vírgula]

Onde há uma acentuada interrupção entre duas partes de um período podemos achar que seja necessário o uso de algo mais efetivo que a vírgula. Nesse caso, podemos optar pelos dois-pontos ou pelo ponto e vírgula.

Se uma das partes da oração **expande**, **explica** ou **completa** a outra, os dois-pontos são o sinal de pontuação adequado, como em:

We all burst out laughing: Vic was doing one of his impressions.

[Todos nós caímos na risada: Vic estava fazendo uma de suas imitações.]

There are three important things about a house: location, location and location.

[Há três coisas importantes com relação a uma casa: localização, localização e localização.]

Mas, se uma parte da oração **se equilibra** ou **contrasta** com a outra (em vez de expandi-la, explicá-la ou completá-la), o ponto e vírgula é o sinal de pontuação adequado, como em:

To err is human; to forgive, divine.

[Errar é humano; perdoar, divino.]

There were scowls and sneers from the two sisters; there were blushes and giggles from their friends.

[Houve caretas e ar de desprezo por parte das duas irmãs; houve rubores e risadas reprimidas por parte de seus amigos.]

Os dois sinais de pontuação podem criar uma diferença de significado. No exemplo seguinte, o ponto e vírgula sugere que as duas afirmativas estão em equilíbrio, e que a risada de Frankie e a vergonha de Jim se devem, de maneira independente, ao mesmo motivo:

Frankie laughed hysterically; Jim was turning purple with embarrassment.

[Frankie riu de maneira histérica; Jim ficou vermelho de vergonha.]

Mas, se os dois-pontos forem usados, a segunda afirmativa deve ser lida como explicação da primeira, com a implicação de que a risada de Frankie é provocada pela vergonha de Jim:

Frankie laughed hysterically: Jim was turning purple with embarrassment.

➤ Ver também **semicolon**.

colossal [colossal]

Observe o *l* simples e o *s* duplo.

commemorate [comemorar], **commemoration** [comemoração]

Observe o *m* duplo e o *m* simples depois do primeiro *e*.

commence Ver **begin**.

commit [cometer, confiar a], **commitment** [compromisso, obrigação]

As formas verbais **committing** e **committed** possuem *t* duplo, mas **commitment** é grafado com *t* simples.

committee [comitê]

Observe as letras *m*, *t*, *e*, todas duplas.

common [comum], **mutual** [mútuo]

Tradicionalmente, essas palavras não podem ser substituídas uma pela outra. Observe a distinção entre elas:

- **common**: *a common language* [uma língua comum], *common knowledge* [conhecimento comum], *Our common interest in botany created a bond between us* [Nosso interesse comum pela botânica criou um laço entre nós].
- **mutual**: *mutual respect* [respeito mútuo], *The feeling was mutual* [O sentimento era mútuo].

comparable [comparável], **comparative** [comparativo, relativo]

Observe as diferenças entre as palavras:

- **comparable**: *You won't find wine of comparable quality throughout Italy* [Você não vai achar vinho de qualidade comparável em nenhum lugar da Itália].
- **comparative**: *In the periods of comparative calm between bombardments, they tried to get some sleep* [Nos períodos de relativa calma entre dois bombardeios, eles tentavam dormir um pouco].

compare to [comparar a], **compare with** [comparar com]

Observe a diferença de significado entre estes dois verbos:

- **compare to**: *He compared the flight to a ride on a rollercoaster* [Ele comparou o voo a uma volta na montanha-russa].
- **compare with**: *How does Tuscany compare with the South of France?* [Como se pode comparar a Toscana com o sul da França?]. ▪ *Compare modern methods of agriculture with those of the last century* [Compare os modernos métodos agrícolas com os do século passado].

comparison [comparação]

Observe a grafia com *i* (e não *a*) na terceira sílaba.

compel [forçar, compelir], **impel** [instar, compelir, impelir]

Compare a diferença de significado:

- **compel** é geralmente usado quando alguém ou alguma coisa aplica força, como em: *They were compelled to work in the fields* [Eles foram forçados a trabalhar nos campos].
- **impel** é geralmente usado quando alguém está sendo levado a algo por suas próprias necessidades ou desejos, como em: *Fear of failure impelled him to greater and greater efforts* [O medo do fracasso compeliu-o a esforços cada vez maiores].

compendium [compêndio]

Essa palavra tem dois plurais: **compendiums** e **compendia**.

complacent [complacente], **complaisant, compliant** [condescendente]

Essas palavras são frequentemente confundidas.

- **complacent**: *It's dangerous to get too complacent in today's cut-throat market* [É perigoso ser complacente demais nesse mercado impiedoso de hoje].
- **complaisant**: *Her father rarely allowed her to have her own way, it was her mother who was the complaisant one* [O pai raramente permitia que ela fizesse as coisas por si mesma; a condescendente era a mãe dela].
- **compliant** também significa "disposto a fazer o que os outros querem", mas geralmente também implica "ceder a alguém", como em: *He said he was on the lookout for a rich and compliant wife* [Ele disse que estava à espreita de uma esposa rica e condescendente].

complement [complemento], **compliment** [elogio, cumprimento]

Essas palavras têm a mesma pronúncia: /**kóm**-pli-ment/, mas significados diferentes.

- **complement**: *A dry white wine is an ideal complement to fish* [Um vinho branco seco é um complemento ideal para peixe].
- **compliment**: *My compliments to the* chef [Meus cumprimentos ao *chef*].

comprehensible, comprehensive

Observe a diferença de significado dessas palavras.

- **comprehensible** significa "capaz de ser entendido [compreensível]", como em: *His teeth were chattering so much that his speech was barely comprehensible* [Seus dentes batiam tanto que seu discurso ficou pouco compreensível].
- **comprehensive** significa "que inclui tudo o que é possível incluir, compreensivo, abrangente", como em: *The Chancellor has ordered a comprehensive review of departmental spending* [O chanceler ordenou uma revisão abrangente das despesas departamentais].

comprise [compreender], **compose** [compor], **constitute** [constituir], **include** [incluir]

Essas palavras têm significados inter-relacionados, mas usos distintos.

- **comprise** é usado para designar as partes que formam um todo, como em: *The three countries that comprise Great Britain are England, Scotland and Wales* [Os três países que compreendem a Grã-Bretanha são a Inglaterra, a Escócia e o País de Gales]. ▪ *Great Britain comprises England, Scotland and Wales* [A Grã--Bretanha compreende a Inglaterra, a Escócia e o País de Gales]. Em inglês formal, não se deve usar **comprise** na voz passiva:

  ✗ *Great Britain is comprised of England, Scotland and Wales.*
- **compose** aplica-se a todas as partes que compõem um todo, como em: *The three countries that compose Great Britain are England, Scotland and Wales. Great Britain is composed of three countries – England, Scotland and Wales.*
- **constitute** é usado com referência aos elementos que, unidos, dão origem a algo diferente, mas difere de **compose** porque este implica que os elementos não estão mesclados ou não formam uma nova substância ou entidade, como em: *A balanced diet and regular exercise constitute a healthy lifestyle* [Uma dieta balanceada e exercícios regulares constituem um estilo de vida saudável].
- **include** faz referência a apenas algumas das partes que constituem um todo, não devendo ser confundido com **comprise**: *Starchy foods include bread, rice and pasta* [Os alimentos amidoados incluem pão, arroz e massa].

compulsive [compulsivo], **compulsory** [compulsório]

Observe os diferentes significados:

- **compulsivo** significa "levado por um impulso forte e irresistível": *She is a compulsive smoker* [Ela é uma fumante compulsiva]. ▪ *He is a compulsive liar* [Ele é um mentiroso compulsivo].
- **compulsory** significa "algo que se é obrigado a fazer", como em: *a compulsory entrance exam* [um exame de admissão com-

pulsório] ▪ *Smart dress is compulsory for the interview* [Roupa social é obrigatória para a entrevista].

conceit [vaidade, presunção], **conceited** [vaidoso, presunçoso]
O *e* vem antes do *i*.

concerto [concerto (obra musical)]
A palavra tem dois plurais: **concertos** e **concerti**. No sentido de execução musical, a forma é **concert**.

confidant [confidente], **confident** [confiante]
Cuidado para não confundir essas palavras, que possuem sentidos diferentes.

- **confidant** é a pessoa a quem se confiam segredos ou se pedem conselhos, como em: *I've always told her all my problems, since she is my only confidant* [Sempre contei todos os meus problemas a ela, pois ela é a minha única confidente].
- **confident** significa "possuidor de uma forte crença em suas próprias habilidades, seguro de si", como em: *He was confident he would win* [Ele estava confiante de que ganharia].

Congo
Existem dois países africanos com a palavra **Congo** no nome oficial:

- The **Republic of Congo** [A República do Congo] é o menor e mais ocidental dos dois, com Brazzaville como capital.
- The **Democratic Republic of the Congo** [A República Democrática do Congo] é o maior e mais oriental dos dois, anteriormente conhecido como Zaire e cuja capital é Kinshasa.

connoisseur [conhecedor, especialista, *expert*]
Cuidado com a grafia dessa palavra de origem francesa: *n* duplo, *o* seguido de *i*, e o final é em *-eur*.

conscience [consciência], **conscientious** [consciencioso], **conscious** [o consciente, cônscio]
Observe o grupo *-sci-* em posição medial nas três palavras.

constitute Ver **comprise**.

contagious Ver **infectious**.

contemporary [contemporâneo]

Observe a grafia do final, apesar de sua pronúncia mais usual, que é /-priri/.

contiguous Ver **adjacent**.

continual [constante, contínuo], **continuous** [contínuo, ininterrupto]

Não confunda essas palavras.

- **continual** significa "constantemente repetido ou muito frequente", como em: *How can I be expected to concentrate when there are continual interruptions?* [Como é que querem que eu me concentre com essas contínuas interrupções?].
- **continuous** significa "que nunca para", como em: *We've had three weeks of continuous rain* [Tivemos três semanas de chuva ininterrupta].

contrary

Essa palavra tem duas pronúncias diferentes, que determinam sentidos diferentes.

- Quando pronunciada /**kón**-tra-ri/, devemos traduzi-la como: "contrário, oposto a", como em: *This is contrary to everything we had been hoping to achieve* [Isto é contrário a tudo o que esperamos alcançar].
- Quando pronunciada /kon-**tré**-ri/, a tradução é "perverso", como em: *She's a contrary little devil* [Ela é um diabinho perverso].

cord Ver **chord**.

corps [cadáver]

O singular e o plural têm a mesma grafia, mas pronúncias diferentes: o singular é /kó:ʳ/, e o plural é /kó:ʳz/.

correspondence [correspondência], **correspondent** [correspondente]

Grafados com *r* duplo e os finais *-ence* e *-ent*.

could, might

Para evitar ambiguidade, **could** (passado de **can**) deve ser usado para indicar permissão, como em: *Mum said we could* (e não *might*) *go to the football match* [Mamãe disse que podíamos ir à partida de futebol]. **Might** (passado de **may**) deve ser usado para indicar possibilidade, como em: *If we hurry we might miss the worst of the traffic* [Se nos apressarmos, poderemos evitar o pior do tráfego].

➤ Ver também **can**.

council, counsel [conselho]

Cuidado para não confundir essas palavras.

- **council** é um grupo de pessoas que organizam, controlam, tomam decisões ou aconselham (conselho ou concílio), como em: *local council* [o conselho local].
- **counsel** é uma palavra mais formal e significa "conselho" ou "aconselhar", como em: *He was respected for his wise counse* [Ele era respeitado por seus sábios conselhos]. ▪ *Our role is to counsel couples considering divorce* [Nosso papel é aconselhar casais que pensam em se divorciar]. Essa palavra também significa "advogado ou advogados", como *counsel for the defence* [a defesa].

councillor, counsellor [conselheiro]

- **councillor** é um membro do conselho.
- **counsellor** é alguém que dá conselhos.

counterfeit [falsificação, imitação]

Observe o *e* antes do *i*.

courage [coragem], **courageous** [corajoso]

Observe que o *e* de **courage** se conserva em **courageous**.

courteous [cortês, polido], **courtesy** [cortesia]

Observe o *e* em **courteous** e o final *-esy* em **courtesy**.

court-martial [corte marcial]

A palavra tem duas formas de plural: **courts-martial** e **court-martials**. Alguns consideram a segunda incorreta, embora seja bastante aceita em inglês informal.

coxswain [timoneiro]

Essa palavra é normalmente pronunciada /**kók**-sên/.

credible [crível, acreditável, verossímil], **creditable** [meritório, louvável]

Essas palavras são por vezes confundidas.

- **credible**: *He's the only one without a credible alibi* [Ele é o único sem um álibi verossímil].
- **creditable**: *For a beginner he gave a very creditable performance* [Para um principiante, ele teve um desempenho muito louvável].

crematorium [crematório]

A palavra tem dois plurais possíveis: **crematoria** e **crematoriums**.

crevasse, crevice [fenda, rachadura]

Crevasse refere-se a algo em maior escala, como numa montanha ou numa geleira, mas nunca numa parede de tijolos.

crisis [crise]

O plural é **crises**.

criterion [critério]

O plural é **criteria**. Cuidado para fazer a concordância correta com o verbo:

✗ *The criteria for inclusion in the guide is an exceptionally high standard of service.*

✔ *The criterion for inclusion in the guide is an exceptionally high standard of service.*

[O critério para inclusão no guia é um padrão excepcionalmente alto de serviço.]

✗ *My criteria for an enjoyable day out is good weather, good company, and no kids!*

✔ *My criteria for an enjoyable day out are good weather, good company, and no kids!*

[Meus critérios para um dia agradável são: bom tempo, boa companhia e nada de crianças!]

critically [criticamente]

Observe o final *-ally* (e não *-ly*).

crochet [crochê]

Embora a palavra seja pronunciada /**krôu**-shei/, a grafia do final é *-chet.*

crooked [torto]

Pronuncia-se em duas sílabas: /**kru:**-kid/.

cruel [cruel]

Em inglês britânico, o *l* final é dobrado em **crueller** [mais cruel – comparativo de superioridade] e **cruellest** [o mais cruel – superlativo], mas o inglês americano prefere as grafias **crueler** e **cruelest**.

cryptic [críptico, secreto]

Observe a grafia com *y* (e não *i*).

-ction, -xion

Veja estas observações a respeito desses dois finais.

- Um grande número de palavras de origem latina termina por **-ction**: *action* [ação], *collection* [coleção], *conjunction* [conjunção], *conviction* [convicção], *distinction* [distinção], *extinction* [extinção], *inspection* [inspeção], *instruction* [instrução], *production* [produção], *protection* [proteção], *satisfaction* [satisfação], *section* [seção].
- Em inglês britânico (mas não em americano), certas palavras podem ser grafadas com um dos dois finais: *connection/connexion* [conexão], *deflection/deflexion* [deflexão], *flection/flexion* [flexão], *retroflection/retroflexion* [retroflexão], *genuflection/genuflexion* [genuflexão], *inflection/inflexion* [inflexão], *reflection/reflexion* [reflexão, reflexo]. Para essas palavras, o final **-ction** é

mais comum, exceto no caso de *flexion*, *genuflexion* e (em uso científico) *reflexion*.

- Certas palavras devem ser grafadas com o final **-xion**. São elas: *complexion* [cútis, tez], *crucifixion* [crucificação] e *transfixion* [transfixão, transfixação].

cul-de-sac [beco ou rua sem saída]

O plural é **culs-de-sac**.

cupful [xicarada, conteúdo de uma xícara]

O plural é **cupfuls**.

curb, kerb [meio-fio]

Em inglês britânico, usa-se **kerb**; em inglês americano, a palavra usada é **curb**.

currant, current

Cuidado para não confundir a grafia dessas palavras.

- **currant** é uma fruta seca [passa de Corinto].
- como substantivo, **current** significa "corrente, correnteza, fluxo", como em: *The current carried the boat out to sea* [A corrente levou o barco para o mar] ▪ *an electric current* [uma corrente elétrica]. Como adjetivo, **current** descreve o que está ocorrendo agora [corrente]: *What's the current cost of a TV licence?* [Qual é o preço atual de uma licença de televisão?] ▪ *current affairs* [negócios atuais].

curriculum [*curriculum*, currículo]

Observe o *r* duplo, o *c* simples e o *l* simples. O plural pode ser **curriculums** ou **curricula**. Em vez de ***curriculum vitae***, o inglês americano prefere **resume**.

cylinder [cilindro], **cylindrical** [cilíndrico]

Grafadas com *cy-* (e não *ci-* ou *si-*).

czar, tsar [czar]

Embora **tsar** seja mais comum, as duas formas são corretas. Observe que o *c* é seguido de *z*, e o *t* de *s*.

Czech Republic [República Tcheca]

Este é o nome oficial do país que antes constituía a maior parte da Tchecoslováquia, dissolvida em 1992, com a formação de outro país independente, a Eslováquia. A palavra **Czechoslovakian** [tchecoslovaco] só deve ser usada em contextos históricos. **Czech** [tcheco] é o termo correto para o nativo da República Tcheca e para a língua ali falada.

D

dairy [leiteria, laticínios], **diary** [diário (*subst.*)]

Observe o grupo *-ai-* na primeira palavra, e o grupo *-ia* na segunda.

Dalmatian [dálmata]

Observe o final *-an*.

Dangling participle [particípio pendente ou dúbio]

Em inglês, uma oração subordinada sem sujeito explícito deve se referir ao sujeito da oração principal que a precede, como em: *Moving like a panther, he crept towards the enemy's camp* [= *"He" was moving like a panther*] [Movendo-se como uma pantera, ele se arrastou até o acampamento do inimigo] ["Ele" estava se movendo como uma pantera].

Quando, no período, a oração subordinada não deixa claro se se refere ao sujeito da oração principal, o erro resultante é conhecido como **dangling participle**. Embora o ouvinte geralmente interprete corretamente o que se pretende dizer com essas construções, o **dangling participle** deve ser evitado no inglês formal e escrito. Os seguintes exemplos ilustram esses erros e suas correções:

✘ *Growing at two or three feet a week, the other plants are in danger of being smothered by that vine* [Crescendo dois ou três pés por semana, as outras plantas estão em perigo de ser sufocadas por aquela videira]. (É a videira ou são as outras plantas que está/estão crescendo com tanta rapidez?)

✔ *The other plants are in danger of being smothered by that vine, which is growing at two or three feet a week.*

[As outras plantas estão em perigo de ser sufocadas por aquela videira, que está crescendo dois ou três pés por semana.]

✘ *While sitting on the lavatory, a red-back spider bit him.* [Quem estava se sentando no vaso, o homem ou a aranha?]

✔ *While he was sitting on the lavatory, he was bitten by a red backed spider.*

[Enquanto estava se sentando no vaso, ele foi picado por uma aranha de lombo vermelho].

i

O **dangling participle** também é conhecido como **misrelated participle** [particípio de relação incorreta].

data [dados]

Estritamente falando, **data** é um substantivo plural (com o singular **datum**), sendo, portanto, seguido por um verbo no plural, como em: *The data in this report were assembled over a period of several years* [Os dados deste relatório foram reunidos num período de vários anos]. Contudo, hoje está ficando comum o uso de **data** como se fosse um substantivo singular (como *information*) e seguido por um verbo no singular, como em: *The data in this report was assembled over a period of several years* [Os dados deste relatório foram recolhidos durante um período de vários anos].

decide [decidir], **decided** [decidido], **decisive** [decisivo]
Observe que todas estas palavras são grafadas com *de* e *c*.

defective [defeituoso], **deficient** [deficiente, insuficiente]

defer [adiar, pospor, diferir], **deferral** [postergação]
Observe que o *r* de **defer** é dobrado no substantivo **deferral** e nas formas verbais **deferring** e **deferred**.

definite [certo, claro, definido, definitivo], **definitive** [que tem exatidão ou autoridade, definitivo]
Essas palavras possuem significados diferentes.

- **definite**: *I can't give you a definite answer until next week* [Não posso lhe dar uma resposta definitiva antes da semana que vem].
- **definitive**: *This is regarded as the definitive work on language development in young children* [Esta é tida como a obra definitiva sobre o desenvolvimento linguístico de crianças pequenas].

defuse, diffuse
A grafia dessas palavras é por vezes confundida.

- **defuse** é verbo e pronunciado /di:-**fiuz**/. Seu sentido literal é "remover o fusível (de uma bomba)", mas também pode significar "tornar (uma situação) menos tensa".
- **diffuse**, como verbo, é pronunciado /di-**fiuz**/ e significa "espalhar-se em todas as direções (difundir, espalhar, esparramar)". Como adjetivo, sua pronúncia é /di-**fius**/.

delusion Ver **allusion**.

deny Ver **refute**.

dependant, dependent [dependente]
Observe a grafia correta:

- **dependant** é substantivo: *As a young man without dependants, he was free to spend his money as he pleased* [Como rapaz sem dependentes, ele estava livre para gastar seu dinheiro como bem quisesse].

- **dependent** é adjetivo: *He's still dependent on state benefit* [Ele ainda é dependente da ajuda pública]. ▪ *That is a clinic where drug- and alcohol-dependent celebrities go for treatment* [Aquela é uma clínica onde vão se tratar as celebridades dependentes de álcool e drogas].

deprecate [desaprovar, reprovar, censurar], **depreciate** [perder o valor, depreciar, desvalorizar-se]

Essas palavras são facilmente confundidas, especialmente porque, derivadas de **deprecate**, são muito usadas para exprimir "subestima ou depreciação", como em: *He uses self-deprecation as a sort of defence against criticism* [Ele usa a autodepreciação como uma espécie de defesa contra críticas].

- **deprecate**: *She wrote to him in forthright terms, deprecating his irresponsibility* [Ela escreveu a ele em termos francos, reprovando sua irresponsabilidade].
- **depreciate**: *New cars depreciate by as much as 25% in the first year* [Os carros novos se desvalorizam em até 25% no primeiro ano]. Este verbo também tem o sentido de "depreciar, reprovar, censurar", como em: *He felt that all he had achieved was being depreciated by jealous and ambitious newcomers* [Ele sentiu que tudo o que havia realizado estava sendo depreciado por novatos ciumentos e ambiciosos].

derisive [derrisório, zombeteiro], **derisory** [digno de escárnio, ridículo]

Essas duas palavras já foram sinônimas. Hoje, contudo, seus significados são diferentes.

- **derisive**: *derisive laughter* [risada zombeteira].
- **derisory**: *He earned the derisory sum of £5 for ten hours' work* [Ele ganhava a ridícula soma de cinco libras por dez horas de trabalho].

desert [deserto], **dessert** [sobremesa]

Devido às grafias similares, essas palavras são facilmente confundidas. Lembre, contudo, que **desert** é pronunciada /**dé**-zêʳt/, e **dessert**, /di-**zêʳt**/.

desiccate [dessecar, conservar ou preservar alimentos]
Observe o *s* simples e o *c* duplo.

despatch Ver **dispatch**.

detach [destacar, separar], **attach** [anexar, juntar]
Observe que essas palavras não possuem *t* antes de *ch*.

deteriorate [deteriorar, estragar]
Pronunciada em cinco sílabas distintas: /di-**ti:r**-i-e-reit/.

develop [desenvolver], **development** [desenvolvimento]
Não existe *e* no final de **develop**, ou entre o *p* e o *m* de **development**. O *p* de **develop** não é dobrado nas formas verbais **developing** e **developed**.

dial [discar telefone]
Em inglês britânico, o *l* é dobrado nas formas verbais **dialling** e **dialled**. Em inglês americano, as grafias são, respectivamente, **dialing** e **dialed**.

diaphragm [diafragma]
Grafada com *ph* (e não *f*). Observe a posição do *g*.

diarrhoea [diarreia]
Observe o grupo *-rrh-*. Em inglês americano, a grafia é **diarrhea**.

diary Ver **dairy**.

dice [dados], **die** [dado]
Die é o singular de **dice**, mas hoje é raramente usado, exceto na expressão "*the die is cast*" [a sorte está lançada]. **Dice** é usado como singular e plural: *The dice is/are in that box* [O dado está naquela caixa/Os dados estão naquela caixa].

differ from [ser diferente de, diferir de], **differ with** [discordar de]

- **differ from**: *Her approach differs from mine in that it is a little more subtle* [A abordagem dela difere da minha no sentido de que é um pouco mais sutil].

- **differ with**: *I differ with her over how to deal with disruptive children* [Discordo dela quanto a como lidar com crianças bagunceiras].

different from, **different than**, **different to** [diferente de]

Em inglês britânico, é perfeitamente aceitável que **different** seja seguido de **from** ou **to**, como em: *That car is different from the one he had yesterday* [Esse carro é diferente daquele com o qual ele estava ontem]. ▪ *Is that car different to the one you had yesterday?* [Esse carro é diferente daquele com o qual você estava ontem?]. Algumas pessoas preferem usar **different from** em inglês escrito, mas as duas formas estão corretas. Em inglês americano, **different than** é comumente usado, mas é menos aceitável em linguagem formal e escrita, exceto nos casos em que **different** é seguido por uma oração, e não por um substantivo ou pronome, como em: *It was a different car he arrived in this morning than the one he had yesterday* [O carro em que ele chegou esta manhã era diferente daquele com o qual ele estava ontem].

diffuse Ver **defuse**.

dilemma [dilema]

Escrito com *l* simples e *m* duplo.

dinghy [dinga], **dingy** [encardido]

Não confunda a grafia dessas duas palavras. Observe também que **dinghy** é pronunciado /**ding**-gi/ com um *g* palatal, e **dingy** é pronunciado /**din**-dji/ com um *g* que soa /dj/.

diphtheria [difteria], **diphthong** [ditongo]

As duas palavras são grafadas com *ph* seguido de *th*. O grupo *ph* é pronunciado /f/: /dif-**thir:**-i-a/ e /**dif**-thong/.

disability [deficiência]

Quando, em inglês, você se referir a uma pessoa com deficiência, evite usar expressões que, mesmo sem intenção, possam ofender. Em vez de usar palavras como ***handicapped person*** [incapacitado físico], ***cripple*** [aleijado] ou ***invalid*** [inválido], diga ***person***

with a disability [pessoa com deficiência]. Em vez de descrever uma pessoa como ***confined to a wheelchair*** [confinada a uma cadeira de rodas], use ***wheelchair users*** [cadeirantes] ou ***person who uses a wheelchair*** [pessoa que usa cadeira de rodas].

disappear [desaparecer], **disappoint** [desapontar]

Observe o *p* duplo nas duas palavras.

disastrous [desastroso]

Pronuncia-se /di-**sas**-trôs/.

disc, disk [disco]

Em inglês americano, a grafia com *k* refere-se a qualquer objeto circular. Em inglês britânico, originalmente só os discos de computador eram grafados dessa forma, mas o uso com *k*, com referência a objetos circulares, está se generalizando.

discreet [discreto], **discrete** [distinto, separado]

Essas palavras têm formas e significados diferentes.

- **discreet** é adjetivo: *This is a very delicate matter: can we rely on you to be discreet?* [Esta é uma questão muito delicada: podemos confiar que você vai se mostrar discreto?].
- **discrete** também é adjetivo: *On closer examination, we find that the pattern is formed from thousands of discrete dots of colour* [Num exame mais minucioso, verificamos que o padrão é formado por centenas de distintos pontos coloridos].

disinterested Ver **uninterested**.

dispatch, despatch [despachar, envio, enviar]

As duas grafias são corretas, mas a segunda, com *e*, é menos comum. Observe o *t* antes do *ch*.

distinct [distinto, claro, acentuado], **distinctive** [característico]

Observe a diferença de significados dessas palavras:

- **distinct**: *He had a distinct smell of alcohol on his breath* [Ele tinha um acentuado cheiro de álcool no hálito].

- **distinctive**: *He has a distinctive walk* [Ele tem um andar característico]. ▪ *We heard the distinctive call of the seagull* [Ouvimos o chamado característico da gaivota].

divorcee [divorciado(a)], **divorcée** [divorciada], **divorcé** [divorciado]

Em inglês, qualquer pessoa que terminou um casamento legalmente (*divorced*) pode ser chamada de **divorcee**. Se você preferir a forma acentuada, use a correta.

do [fazer, auxiliar da negativa e da interrogativa]

No inglês falado, frequentemente se usa **do** para evitar a repetição de um verbo, como em: *You make better lasagne than I do* [Você faz lasanha melhor que eu (faço)]. ▪ *He beckoned to be waitress to come over, and she did* [Ele acenou para a garçonete vir atendê-lo, e ela veio].

Entretanto, por vezes esse uso de **do** não é correto, especialmente em inglês formal e escrito.

- Não use **do** depois de *used to* e quando (como no caso do particípio presente **doing**) ele se seguir ao verbo *to be*, por exemplo:

  ✘ *I don't play golf as much as I used to do.*

  ✔ *I don't play golf as much as I used to.*

  [Não jogo tanto golfe quanto eu costumava jogar.]

  ✘ *'Is he working on the car?' 'He was doing, but he might have stopped for a coffee.'*

  ✔ *'Is he working on the car?' 'He was, but he might have stopped for a coffee.'*

  ["Ele está trabalhando no carro?" "Ele estava, mas deve ter parado para tomar um café."]

- **Do** não deve substituir o verbo *to be*:

  ✘ *He told me to be careful but I didn't.*

  ✔ *He told me to be careful but I wasn't.*

  [Ele me disse para ter cuidado, mas eu não tive.]

doesn't, don't

Lembre-se de que é incorreto usar **don't** na terceira pessoa do singular do verbo **do**, como em:

✗ *It don't seem fair.*

✓ *It doesn't seem fair.*

[Não parece justo.]

Na linguagem oral, tanto em inglês britânico quanto americano, esse uso é bastante frequente.

Double comparatives [duplos comparativos]

Evite usar dois comparativos da mesma palavra, como em:

✗ *It's much more colder than it was yesterday.*

✗ *She's a more happier child since she changed schools.*

Em vez disso, use:

✓ *It's much colder than it was yesterday.*

[Está muito mais frio que ontem.]

✓ *She's a happier child since she changed schools.*

[Ela é uma criança mais feliz desde que mudou de escola.]

double negatives [duplas negativas] Ver painel na página 69.

downward, downwards [para baixo]

Downward pode ser advérbio ou adjetivo. **Downwards** é apenas advérbio. Em inglês britânico, o advérbio mais comum é **downwards**, enquanto em inglês americano o preferido é **downward**, como em: (inglês britânico) *He lay on the ground face downwards.*

Double negatives [duplas negativas]

Em inglês informal, as duplas negativas são muito usadas para dar ênfase. Por exemplo: *He didn't say nothing* é o mesmo que *He didn't say anything at all* [Ele não disse absolutamente nada].

Contudo, em inglês formal, é considerado erro ter duas negativas na mesma oração, pois a segunda negativa tem o efeito de cancelar a primeira.

✘ *I don't want no trouble.*

✔ *I didn't want any trouble.*

[Eu não quis nenhuma confusão.]

Observe que, em português, a dupla negativa é totalmente aceita.

As palavras que significam "quase não, mal" (*hardly, barely* e *scarcely*) devem ser tratadas como negativas.

✘ *He was so drunk he couldn't hardly stand.*

✔ *He was so drunk he could hardly stand.*

[Ele estava tão bêbado que mal conseguia ficar em pé.]

Cuidado para não usar uma negativa que possa mudar o significado pretendido, como em: *I wouldn't be at all surprised if it didn't snow tonight* [Não vou me surpreender nem um pouco se não nevar esta noite]. Se a intenção foi dizer que é provável que neve esta noite, o período deveria ser: *I wouldn't be at all surprised if it snowed tonight* [Não vou me surpreender nem um pouco se nevar esta noite].

■ (Inglês americano) *He lay on the ground face downward* [Ele se deitou no chão com o rosto para baixo].

draft, draught [rascunho; saque, letra de câmbio, corrente, dose, poção, tragada]

Em inglês britânico, apenas **draft** pode ser usado no sentido de "rascunho", "saque" ou "letra de câmbio". Para todos os outros sentidos, usa-se **draught**. Em inglês americano, usa-se apenas **draft** para todos os sentidos.

drier [mais seco], **dryer** [secadora]

drink [beber, tomar]

Cuidado para não confundir essas formas.

- **drank** é o passado simples, como em: *I drank one of the beers and she drank the other* [Tomei uma das cervejas, e ela tomou a outra].
- **drunk** é o particípio passado, como em: *I'd have been okay if I hadn't drunk the water* [Eu estaria bem se não tivesse tomado a água].
- **drunk** também é um adjetivo, com o sentido de "intoxicado pelo álcool, bêbado": *They were all drunk by the time I got to the bar* [Eles estavam todos bêbados quando cheguei ao bar]. Uma variante desse adjetivo é **drunken**, como em: *He awoke with a hangover after another drunken night* [Ele acordou com ressaca depois de outra noite de bebedeira].

✘ *Who drunk my juice?*

✔ *Who drank my juice?*

[Quem bebeu o meu suco?]

✘ *You shouldn't have drank so much wine.*

✔ *You shouldn't have drunk so much wine.*

[Você não devia ter tomado tanto vinho.]

due to Ver **because of**.

duel [duelo], **dual** [dupla]

Não confunda a grafia dessas palavras.

- **duel** é substantivo.
- **dual** é adjetivo: *He has dual citizenship* [Ele tem nacionalidade dupla].

duly [devidamente, como esperado], **dully** [de maneira monótona, fosca, imprecisa]

Devido à semelhança de grafia, essas palavras são frequentemente confundidas.

- **duly**: *He was duly punished* [Ele foi devidamente punido].
- **dully**: *A few stars shone dully through the fog* [Algumas estrelas brilham foscamente através do nevoeiro].

dyeing, dying

Não confunda a grafia dessas palavras.

- **dyeing** é o particípio presente de **dye** [tingir].
- **dying** é o particípio presente de **die** [morrer].

dysentery [disenteria]

Observe a grafia com *y* na primeira e na última sílaba, e o *e* entre o *t* e o *r*.

each [cada]

- Use o verbo no plural quando **each** vier após um substantivo ou pronome no plural, como em: *The children each have a PC of their own* [As crianças têm um PC cada uma]. ▪ *They each have a PC of their own* [Cada um deles tem um PC].
- Use o verbo no singular quando **each** for o sujeito da oração, como em: *There are twenty houses in the terrace. Each [house] has its own back and front garden* [Há vinte casas no terreno. Cada uma tem o próprio jardim na frente e atrás].
- Use o verbo no singular com **each of** seguido por um substantivo plural (ou seja, quando **each** fizer parte do sujeito da oração), como em: *Each of these houses has its own front and back garden* [Cada uma dessas casas tem o próprio jardim na frente e atrás]. Também é aceitável usar o verbo no plural quando se deseja evitar dizer *his* [dele] ou *her* [dela] para fazer referência a um substantivo plural mencionado antes:

  ✔ *Each of the directors has his or her own parking space.*

  ✔ *Each of the directors have their own parking space.*

  [Cada um dos diretores tem a própria vaga no estacionamento.]

each other [se, um ao outro], **one another** [se, uns aos outros]

Convencionalmente, essas duas expressões não podem ser usadas com o mesmo sentido: **each other** deve se referir apenas a dois elementos, e **one another**, a mais de dois, como em: *The two farmers helped each other at harvest time* [Os dois fazendeiros se ajudaram na época da colheita]. ▪ *All the farmers in the area helped one another at harvest time* [Todos os fazendeiros da área ajudaram-se na época da colheita]. Contudo, em uso moderno, é bastante aceitável usar as duas expressões como equivalentes gramaticais, como em: *All the farmers in the area helped each other at harvest time.* ▪ *The two farmers helped one another at harvest time.*

earring [brinco]

Lembre-se de que esta palavra é formada pela junção de *ear* [orelha] e *ring* [anel], sendo, portanto, grafada com dois erres.

eatable, edible

Quando o significado se limita a "adequado para ser comido", essas duas palavras podem ser usadas indistintamente, como em: *The toast was burnt and barely eatable/edible* [A torrada estava queimada e mal podia ser comida]. Contudo, existe uma diferença de significado que, em outros contextos, pode ser extremamente importante. Se algo é **eatable** [comível], significa que pode ser comido (embora não seja seguro ou desejável fazê-lo); mas, se algo é **edible** [comestível], significa que é seguro comê-lo. Por exemplo, *These mushrooms may look eatable but are extremely poisonous* [Estes cogumelos podem parecer comíveis, mas são extremamente venenosos]. ▪ *It may be rather unusual to eat flowers, but some of them are edible* [Pode parecer estranho comer flores, mas algumas delas são comestíveis].

eccentric [excêntrico], **eccentricity** [excentricidade]

Observe que as duas palavras são grafadas com *ecc-* (e não *exc-*).

economic, economical [econômico]

Não confunda essas palavras.

- **economic** significa "relacionado com a economia, o estudo das finanças", ou "que rende um lucro razoável", como em: *This is an economic survey of Scotland* [Este é um levantamento econômico da Escócia]. ▪ *Without generous subsidies, many smaller farms just wouldn't be economic* [Sem subsídios generosos, muitas fazendas pequenas simplesmente não seriam econômicas].
- **economical** significa "cuidadoso com dinheiro e outros recursos, que gasta pouco", como em: *He's had to learn to be more economical now that his only income is a small pension* [Ele teve que aprender a ser mais econômico agora que sua única renda

é uma pequena pensão]. ▪ *My new car is very economical* [Meu carro novo é muito econômico].

ecstatic [estático], **ecstasy** [êxtase]

Observe que essas palavras são escritas com *ecs-* (e não *excs-*). Note também que o final de **ecstasy** é *-asy* (e não *-acy*).

eczema [eczema]

Essa palavra é pronunciada /ék-**si**-ma/, mas grafada com *ecze-*.

edible Ver **eatable**.

eerie [lúgubre, sinistro, estranho], **eerily** [lugubremente], **eeriness** [medo, receio]

Todas essas palavras são grafadas com *e* duplo. Observe também que o último *e* de **eerie** desaparece quando os finais *-ily* e *-iness* são acrescentados para a obtenção de **eerily** e **eeriness**.

effect Ver **affect**.

effective [bem-sucedido, efetivo, eficaz, impressionante, poderoso, válido, em exercício], **effectual** [eficiente, verdadeiro, real]

- **effective**: *The only effective way of maintaining a weed-free border is to cover the soil with black polythene or old carpet* [A única maneira eficaz de manter um canteiro livre de ervas daninhas é cobrir o solo com politeno preto ou tapete velho]. ▪ *Despite his small stature, Mussolini was an effective speaker* [Apesar de sua pequena estatura, Mussolini era um orador eficaz]. ▪ *The new tax will be effective from January 2009* [O novo imposto será válido a partir de janeiro de 2009]. ▪ *The old king is very frail. His eldest son is now the effective ruler, though he hasn't yet been appointed regent* [O velho rei está muito debilitado. Seu filho mais velho é o governante em exercício, embora ainda não tenha sido nomeado regente].
- **effectual**: *The measures introduced by the last government to control welfare spending proved to be effectual in some areas but not in others* [As medidas introduzidas pelo último governo

para controlar os gastos públicos demonstraram ser eficientes em algumas áreas, mas não em outras].

➤ Ver também **efficient** abaixo.

efficient [ativo, capaz, competente, eficiente], **efficatious** [eficaz]

As duas palavras referem-se ao resultado ou efeito de algo, mas com empregos diferentes.

- **efficient** refere-se principalmente à maneira pela qual um resultado é obtido, e não ao próprio resultado. Assim, significa "que produz um resultado ou faz as coisas de maneira competente, sem perder ou medir tempo, esforços, dinheiro, etc.", como em: *My personal assistant is so efficient, I never have to worry about the day-to-day running of the office* [Meu assistente direto é tão competente que nunca tenho que me preocupar com a rotina diária do escritório].
- **efficatious** é uma palavra formal que significa "que produz o resultado esperado ou necessário, eficaz". Hoje só é usada com referência a remédios e tratamentos médicos que produzem uma cura, como em: *These new drugs may be efficatious in the treatment of heart diseases* [Estas novas drogas podem ser eficazes no tratamento de doenças cardíacas].

i

Esses adjetivos vêm da mesma palavra latina *efficere*, por sua vez formada pelo prefixo *ex-* [para fora] e pelo verbo *facere* [fazer].

egoist [egoísta], **egotist** [egotista]

As duas palavras têm o mesmo significado, embora, em sentido estrito, exista uma distinção útil entre elas, que a língua deveria preservar:

- **egoist** é uma pessoa cujo egoísmo se baseia no princípio filosófico de que a única certeza que temos é a nossa própria existência, e, assim, o interesse por si próprio é uma base moral legítima.
- **egotist** é uma pessoa que se atribui muito valor e é vaidosa, falando demais de si mesma.

-ei- Ver **-ie-**.

eight [oito], **eighth** [oitavo]

Observe que em **eighth** só existe um *t*, ao contrário de outros numerais ordinais que apresentam *th* acrescentado ao cardinal: *sixth*, *seventh*, *tenth*, *fourteenth*, etc.

either

O ditongo *ei*- pode ser pronunciado /ai-/ ou /i:/. As duas pronúncias são aceitáveis.

Observe os seguintes pontos referentes ao uso de **either**.

- Quando **either** [qualquer um de, ambos] é pronome, só pode ser usado para se referir a duas pessoas ou coisas, como em: *There are two alternatives. Either of them is practicable* [Existem duas alternativas. Uma delas é praticável]. Se existirem mais de duas pessoas ou coisas, deve-se usar **any**: *There were dozens of applicants, but I don't think any of them was suitable* [Havia dezenas de candidatos, mas acho que nenhum deles era apropriado]. Nesses exemplos, observe que o verbo vai para o plural, pois **either** e **any** são parte integrante dos sujeitos das orações.
- Quando **either** é seguido por **or** e os dois sujeitos por eles ligados estão no singular, o verbo fica no singular e devemos traduzir **either... or** por "ou... ou": *Either Rosie or Bill is right* [Ou Rosie ou Bill está certo]. Se o segundo sujeito estiver no plural, o verbo também vai para o plural, como em: *If either Rosie or her sisters are not telling the truth, we'll soon know* [Se Rosie ou suas irmãs não estiverem dizendo a verdade, logo saberemos]. Quando os dois sujeitos estão no plural, o verbo vai para o plural: *You tend to find that either teenage children or elderly parents are making demands on your time* [Você tende a achar que os adolescentes ou seus pais estão exigindo muito do seu tempo].
- Para evitar ambiguidade, coloque *either* o mais próximo possível do termo a que ele se refere, por exemplo:

  ✗ *I intend to either phone them today or on Monday.*

✔ *I intend to phone them either today or on Monday.*

[Pretendo telefonar a eles hoje ou segunda-feira.]

elder [mais velho], **eldest** [o mais velho], **older** [mais velho], **oldest** [o mais velho]

Elder e **eldest** só podem ser usados quando se referem à idade relativa dos membros de uma mesma família, e o adjetivo é precedido pelo nome a que se refere ou por um determinante como *the*, *my* ou *his*. Em todos os outros casos, use **older** ou **oldest**.

✔ *This is my elder brother, John.*

[Este é John, o meu irmão mais velho.]

✔ *My brother Peter is the eldest.*

[Meu irmão Peter é o mais velho.]

✘ *Carbon-dating shows that this is the elder of the two skeletons.*

✔ *Carbon-dating shows that this is the older of the two skeletons.*

[A datação pelo carbono mostra que este é o mais velho dos dois esqueletos.]

✘ *Peter is the eldest of my students.*

✔ *Peter is the oldest of my students.*

[Peter é o mais velho dos meus alunos.]

elude Ver **allude**.

embarrass [embaraçar], **embarrassment** [embaraço]

Observe o *r* e o *s* duplos.

emend Ver **amend**.

emigrant [emigrante], **immigrant** [imigrante]

encyclopaedia, enclyclopedia [enciclopédia]

Embora as duas grafias sejam corretas, a primeira está se tornando ultrapassada e, cada vez mais, sendo substituída pela grafia sem o primeiro *a*.

English [inglês], **Scottish** [escocês] e **Welsh** [galês]

Muitas vezes, os estrangeiros referem-se a qualquer pessoa que nasce na Grã-Bretanha como **English**. Apenas os nascidos na Inglaterra (*England*) devem ser assim denominados. Os que nascem na Escócia (*Scotland*) são **Scottish**, e os que nascem no País de Gales (*Wales*) são **Welsh**. Entretanto, é correto se referir às pessoas desses três países como ***British*** [britânico], já que os três se localizam na ilha chamada de **Great Britain** [Grã-Bretanha].

enormity, enormousness [enormidade]

Até pouco tempo atrás, era considerado incorreto usar **enormity** em vez de **enormousness** com o significado de "grande tamanho" (como em: *the* **enormity** *of the stadium* [a enormidade do estádio]), argumentando-se que *enormity*, em sentido estrito, denota um grande mal ou injustiça, como em: *Enormities have been committed in some countries against the poor* [Grandes injustiças têm sido cometidas contra os pobres em alguns países]. Contudo, o uso de **enormity** para expressar "grande tamanho" é hoje amplamente aceito.

enquiry Ver **inquiry**.

enrol, enroll [arrolar, catalogar]

Observe que, em inglês britânico, usa-se *l* simples; em inglês americano, a palavra é grafada com *l* duplo. Contudo, nas duas variantes, o *l* é duplo em **enrolling** e **enrolled**.

ensure [certificar-se], **insure** [assegurar]

Embora com pronúncias muito semelhantes, essas palavras não devem ser confundidas.

- **to ensure**: *We must insure that nobody is left behind* [Devemos nos certificar de que ninguém fique para trás].
- **to insure**: *Is your house adequately insured?* [Sua casa está devidamente assegurada?].

envelop [envolver ou cobrir completamente], **envelope** [envelope]

Observe a diferença de grafia e pronúncia entre essas palavras.

- **envelop**: /en-**vel**-op/.
- **envelope**: /**en**-vel-op/.

eponymous [que dá o nome, eponímico, epônimo]

equable [sem extremos, moderado, calmo, equilibrado], **equitable** [justo, amigável]

Essas palavras são muitas vezes confundidas:

- **equable**: *Britain has an equable climate* [A Grã-Bretanha tem um clima moderado] ou *That child would driven even the most equable parent mad* [Essa criança deixaria louco o mais calmo dos pais].
- **equitable**: *Lawyers for both partners are satisfied that the divorce settlement is equitable* [Os advogados das duas partes estão satisfeitos com o divórcio amigável].

equal [igual, igualar]

Lembre-se de que o *l* é duplo nas formas verbais **equalling** e **equalled**.

equally [igualmente]

Não use ***as*** depois de **equally**:

✗ *This sparkling wine is equally as good as champagne.*

✓ *This sparkling wine is equally good as champagne.*

[Este vinho espumante é tão bom quanto champanhe.]

-er, -or, -ar

É comum errar a grafia de palavras com esses sufixos.

- **-er** é usado para formar substantivos que indicam o agente da ação verbal, os chamados "doer nouns" (algo como "substantivos agentes"). Note que este é o sufixo geralmente usado quando novos substantivos são derivados de verbos. A lista a seguir apresenta alguns "doer nouns" formados a partir de verbos:

announcer [locutor]
builder [construtor]
buyer [comprador]
cooker [maquinador]
cruiser [cruzador]
dancer [dançarino]
doer [autor]
knocker [golpeador]
lecturer [conferencista]
mixer [misturador]
opener [abridor]
plasterer [estucador]
racer [corredor]
singer [cantor]
surfer [surfista]
talker [falador]
teacher [professor]
trailer [rastrejador]
worker [trabalhador]

- **-er** também é usado para formar substantivos baseados em outros substantivos ou adjetivos ou com eles relacionados.

foreigner [estrangeiro]
jeweller [joalheiro]
lawyer [advogado]
mariner [marinheiro]
prisoner [prisioneiro]
sorcerer [feiticeiro]
treasurer [tesoureiro]
user [usuário]

- **-or** também é usado para formar muitos "doer nouns". Eis aqui uma lista de alguns dos mais comuns:

accelerator [acelerador]
actor [ator]
administrator [administrador]
arbitrator [árbitro]
auditor [auditor]
calculator [calculadora]
collector [coletor]
commentator [comentarista]
competitor [competidor]
conductor [condutor]
conqueror [conquistador]
conspirator [conspirador]
contractor [contratante]
contributor [contribuinte]
councillor [conselheiro]
counsellor [consultor]
creator [criador]
decorator [decorador]
dictator [ditador]
director [diretor]
distributor [distribuidor]
editor [editor]
educator [educador]
elevator [elevador]
escalator [escada rolante]
excavator [escavadeira]
governor [governador]
incubator [incubadora]

indicator [indicador]
inheritor [herdeiro]
inspector [inspetor]
inventor [inventor]
investigator [investigador]
investor [investidor]
legislator [legislador]
mediator [mediador]
narrator [narrador]
navigator [navegador]
objector [objetante]
operator [operador]
oppressor [opressor]
orator [orador]
perpetrator [perpetrador]
processor [processador]
professor [professor]
projector [projetor]
protector [protetor]
radiator [radiador]
refrigerator [refrigerador]
sailor [marinheiro]
spectator [espectador]
supervisor [supervisor]
surveyor [topógrafo]
survivor [sobrevivente]
translator [tradutor]
vendor [vendedor]
ventilator [ventilador]
visitor [visitante]

- **-or** também é usado para a formação de outros substantivos.

ambassador [embaixador]
ancestor [ancestral]
author [autor]
aviator [aviador]
bachelor [bacharel]
benefactor [benfeitor]
captor [captor]
censor [censor]
chancellor [chanceler]
creditor [credor]
curator [curador]
debtor [devedor]
doctor [doutor]
emperor [imperador]
equator [equador]
impostor [impostor]
inquisitor [inquisidor]
janitor [porteiro]
major [major]
mayor [prefeito]
pastor [pastor]
predecessor [predecessor]
proctor [solicitador]
proprietor [proprietário]
rector [reitor]
senator [senador]
solicitor [solicitador]
sponsor [patrocinador]
successor [sucessor]
suitor [seguidor]
tailor [alfaiate]
tenor [tenor]
tractor [trator]
traitor [traidor]
victor [vencedor]

- Um reduzido número de adjetivos termina por **-or**.

anterior [anterior]
exterior [externo]
inferior [inferior]
interior [interior]
major [maior]
minor [menor]
posterior [posterior]
superior [superior]
ulterior [ulterior]

- **-ar** também é usado para formar um pequeno número de "doer nouns", e para outros substantivos que não indicam o agente da ação.

altar [altar]
beggar [mendigo]
burglar [ladrão]
bursar [tesoureiro]
calendar [calendário]
caterpillar [lagarta]
cedar [cedro]
cellar [porão]
collar [colarinho]
dollar [dólar]
grammar [gramática]
guitar [violão]
hangar [hangar]
liar [mentiroso]
molar [molar]
mortar [argamassa]
nectar [néctar]
pedlar [camelô]
pillar [pilar]
registrar [registradora]
scholar [erudito]
vicar [vigário]
vinegar [vinagre]

- alguns adjetivos também terminam em **-ar**.

angular [angular]
circular [circular]
familiar [familiar]
insular [insular]
jocular [jocoso]
lunar [lunar]
molecular [molecular]
muscular [muscular]
particular [particular]
peculiar [peculiar]
perpendicular [perpendicular]
polar [polar]
popular [popular]
regular [regular]
similar [similar]
singular [singular]

spectacular [espctacular]
stellar [estelar]
tubular [tubular]
vulgar [vulgar]

Eskimo Ver **Inuit**.

especially Ver **specially**.

evade Ver **avert**.

even [mesmo, até]

Ao escrever, procure não errar a posição de **even** na oração. No inglês falado, essa posição não é tão importante, pois se pode dar a correta inflexão para enfatizar partes da oração, de modo que a intenção de significado seja facilmente entendida. Para evitar ambiguidade na escrita, o advérbio **even** deve vir imediatamente antes da palavra enfatizada. Observe que, nestes exemplos, o significado muda conforme a posição do advérbio:
Even I had washed the floor (= It was unusual for me to wash the floor).
[Até eu tive que lavar o chão.]
I had even washed the floor (= I had washed the floor as well as sweeping it).
[Eu tive até que lavar o chão.]
I had washed even the floor (= I had washed everything including the floor).
[Eu tive que lavar até o chão.]

every [todo, cada]

Observe que, quando **every** faz parte de uma locução substantiva, é seguido por um verbo no singular: *Every other house has broken windows or graffiti on the walls* [Casa sim, casa não tem os vidros quebrados ou grafites nas paredes].

everyone [todos, todo o mundo], **every one** [cada uma das pessoas ou coisas mencionadas]

Ao escrever, procure usar a forma correta:

- **everyone**: *Everyone we'd invited came to the party* [Todos os que convidamos compareceram à festa]. ▪ *Everyone seems to* *know someone who has lost his or her job recently* [Todo o mundo parece conhecer alguém que perdeu o emprego recentemente].

- **every one**: *Every one of the houses in the new estate has been sold* [Cada uma das casas do novo condomínio foi vendida].

evoke [trazer à lembrança, evocar], **invoke** [invocar]

Observe a diferença entre estas palavras:

- **evoke**: *The withdrawal of financial support evoked an angry response from community leaders* [A retirada do apoio financeiro trouxe à lembrança uma irada resposta dos líderes comunitários]. ▪ *The scent of lavender evokes memories of winters spent at her grandmother's house* [O perfume de lavanda evoca lembranças dos invernos passados na casa de sua avó].
- **invoke**: *The shaman invokes the spirits of the ancestors* [O xamã invoca os espíritos dos ancestrais]. ▪ *When challenged about the benefits of treatment in such cases, doctors often invoke their sworn duty to preserve life* [Quando questionados quanto aos benefícios do tratamento em tais casos, os médicos frequentemente invocam seu juramento de preservar a vida].

ewe [ovelha], **yew** [teixo]

Apesar da pronúncia similar, essas palavras têm grafias e sentidos diferentes.

exaggerate [exagerar]

Cuidado com a grafia: *g* duplo e *r* simples.

exceed [exceder]

Grafada com *ex-* seguido de *c* e *e* duplo.

➤ Compare **accede**.

excerpt [excerto]

Ao escrever essa palavra, não se deixe enganar pela pronúncia /**ec**-se:rt/.

excise [imposto (esp. de consumo), onerar]

Cuidado com o final *-ise*, e não *-ize*.

exercise [exercício, exercitar]

Observe o final *-ise*, e não *-ize*, mesmo quando a palavra é verbo.

➤ Veja também **exorcize**.

exhaust [exaustão, exaurir, cansar], **exhaustion** [exaustão, esgotamento]

Observe o *h* seguido por *-au-* nas duas palavras.

exhibit [exibir], **exhibition** [exibição]

Não esqueça o *h*, que não é pronunciado, nessas duas palavras.

exhilarating [hilariante, divertido]

Também aqui o *h* não é pronunciado, mas não deve ser omitido na grafia.

exorcize [exorcizar]

Cuidado para não confundir essa palavra com **exercise**.

extraordinary [extraordinário]

Ao escrever, não esqueça o primeiro *a*, que normalmente não é pronunciado.

extravert, extrovert [extrovertido]

As duas grafias são corretas.

faint [desmaiar], **feint** [fingir]

Cuidado para não confundir a grafia dessas palavras com a mesma pronúncia.

far [distante, longe, muito]

O comparativo do adjetivo e advérbio **far** pode ser **further** ou **farther**. **Further** pode ser usado nos sentidos de distância física e de acréscimo: *How much further is it to Aberdeen?* [Quanto mais falta para Aberdeen?]. ▪ *I want to make one further point before we finish our discussion* [Quero fazer mais uma observação antes de terminarmos nossa discussão]. **Farther** só é usado para distância física:

✘ *I want to make one farther point before we finish our discussion.*

✔ *How much farther is it to Aberdeen?*

fascination [fascínio, fascinação]

A expressão inglesa *have a fascination for* deve ser usada com cuidado. Lembre-se de que é o objeto fascinante que exerce o fascínio sobre alguém, e vice-versa. Por exemplo:

✘ *He had a fascination for Egyptian mummies.*

✔ *Egyptian mummies had a fascination for him.*

[As múmias egípcias exerciam um fascínio sobre ele.]

fatal [fatal, predestinado], **fateful** [fatídico]

Não confunda essas palavras:

- **fatal**: *a fatal accident* [um acidente fatal] ▪ *He made a fatal mistake* [Ele cometeu um erro fatal]. ▪ *Alone he rides, alone, / The fair and fatal king* [Cavalga, solitário, o rei loiro e predestinado].

- **fateful**: *On that fateful day in October, millions of pounds were wiped off the value of shares* [Naquele fatídico dia de outubro, as ações foram desvalorizadas em milhões de libras].

feasible [factível, viável]

Observe o grupo *-eas-* e o final *-ible*.

Feasible: *Do you think this is a feasible method for tackling the problem?* [Você acha que este método para resolver o problema é factível?]. Em inglês informal, a palavra é por vezes usada com o sentido de "possível", como em: *I suppose it is feasible that the plane might crash* [Acho que é possível que o avião caia]. Alguns puristas fazem objeção a este uso em contextos formais.

feint Ver **faint**

fewer, less [menos]

As duas palavras têm o mesmo significado, mas há uma diferença entre elas:

- **fewer** é usado com substantivos contáveis, como em: *There are fewer fruits on the apple tree this year* [Há menos frutos na macieira este ano]. ▪ *If fewer people smoked there would be less heart diseases* [Se menos pessoas fumassem, haveria menos doenças cardíacas]. ▪ *He has fewer stresses in his life nowadays* [Hoje ele tem menos estresse em sua vida]. ▪ *I might not be so fat if I ate fewer cakes and chocolates* [Eu poderia não ser tão gordo se comesse menos bolo e chocolate]. ▪ *There were fewer than 20 people in the meeting* [Havia menos que vinte pessoas na reunião].
- **less** é usado com substantivos incontáveis, como em: *There is less fruit on the apple tree this year.* ▪ *If fewer people smoked there would be less heart disease.* ▪ *He has less stress in his life nowadays.* ▪ *I might not be so fat if I ate fewer cakes and less chocolate.*

  ✗ *Less people have bought videos since DVDs came down in price.*

- **less** também é usado para quantidades específicas de dinheiro: *He earns less than twelve thousand pounds a year* [Ele ganha menos que vinte mil libras por ano]. Também é preferível empregar **less** para outras quantidades específicas: *He lives less than three miles away* [Ele mora a menos de três milhas daqui]. ▪ *We have twenty-four hours or less to reach the injured climber* [Temos vinte e quatro horas ou menos para chegar até o alpinista ferido].

fiancé [noivo], **fiancée** [noiva]

Como as duas palavras vêm do francês, conservam a grafia original.

fictional [de ficção], **fictitious** [fictício]

- **fictional**: *Do you think JK Bowling's fictional hero, Harry Potter, is a role model for today's youth?* [Você acha que o herói de ficção de J. K. Bowling, Harry Potter, é um modelo para a juventude de hoje?].
- **fictitious**: *He gave the police a fictitious name* [Ele deu um nome fictício à polícia].

fidget [irritação, irritar]

Observe que as formas verbais **fidgeting** e **fidgeted** possuem apenas um *t*.

field [campo], **fiend** [demônio, viciado em algo], **fierce** [feroz, violento]

Em todas essas palavras, o *i* precede o *e*.

fiery [ígneo, abrasador]

Embora originada de ***fire*** [fogo], a palavra é grafada com *-ie*.

first floor [primeiro andar]

Em inglês britânico, **first floor** indica o andar acima do ***ground floor*** [andar térreo]; em inglês americano, **first floor** é o andar térreo.

flair [habilidade natural, inclinação, faro], **flare** [luminoso, clarão]

As grafias diferentes também indicam sentidos diferentes entre essas palavras:

- **flair**: *She has a flair for graphic design* [Ela tem uma inclinação para o *design*].

- **flare**: *The crew of the stricken ship fired off a flare to signal for help* [A tripulação do navio atingido fez sinais luminosos para pedir socorro].

flammable Ver **inflammable**.

flaunt [exibir, mostrar algo de maneira ostensiva], **flout** [desobedecer]

Os sentidos dessas palavras são frequentemente confundidos:

- **flaunt**: *You've got a good figure, and as the saying goes, 'If you've got it, flaunt it!'* [Você tem uma boa figura, e como diz o ditado: "Quem tem, mostra!"].
- **flout**: *He seems to take pleasure in flouting the law* [Ele parece ter prazer em desobedecer à lei]

focus [foco, enfocar]

O substantivo tem dois plurais: **focuses** (de uso geral) e **foci** (de uso científico e técnico). As formas verbais podem ser grafadas **focuses** ou **focusses**, **focusing** ou **focussing** e **focused** ou **focussed**.

for-, fore-

O *e* do segundo prefixo muitas vezes provoca confusão. Em termos gerais, **fore-** só é usado quando o prefixo tem o significado de "antes", como em: *forename* [prenome], *foresight* [previsão], *foretaste* [antegosto].

✘ *foreswear* (em lugar de forswear [jurar])

✔ *foreseeable* [previsível]

forbid [proibir]

A forma de passado é **forbade** (pronuncia-se /for-**beid**/ ou /for-**béd**/), e o particípio passado é **forbidden**. Observe também que o *d* final é dobrado em **forbidding** e **forbidden**.

forceps [fórceps]

Observe que **forceps** leva o verbo para o plural, como em: *Those forceps are used to help deliver babies* [Este fórceps é usado para ajudar o nascimento dos bebês]. Entretanto, "a pair of **forceps**" leva o verbo para o singular, como em: *Has this pair of forceps been sterilized?* [Este fórceps foi esterilizado?].

foreign [estrangeiro (*adj.*)], **foreigner** [estrangeiro (*subst.*)]

Lembre-se de que essas palavras são exceções à regra do "*i* antes do *e*, exceto depois de *c*". Aqui, o *e* precede o *i*.

forgive [perdoar], **forgivable** [perdoável]

Observe que o *e* de **forgive** é omitido ao se acrescentar o sufixo *-able*.

former [o primeiro mencionado]

Observe que "**the former**" só deve ser usado com referência ao primeiro de dois elementos, e não ao primeiro de mais de dois.

> ✘ *Byron, Sheley and Keats all died young. The former lived longest.*
>
> [Byron, Sheley e Keats morreram todos jovens. O primeiro é o que viveu mais tempo.]
>
> ✔ *George and Andrew were waiting for her, the former having arrived very early.*
>
> [George e Andrew estavam esperando por ela, tendo o primeiro chegado muito cedo.]

➤ Ver também **latter**.

formula [fórmula]

Existem duas formas para o plural: **formulas** (no uso geral) e **formulae** (em uso científico e técnico).

fortuitous [acidental, fortuito]

Muitas pessoas usam a palavra com o sentido de "felizardo" ou "sortudo", mas isso deve ser evitado em contextos formais.

forty [quarenta]

Lembre-se de que não existe *u* em **forty**; muitas pessoas se confundem devido à grafia de **four** [quatro] e **fourteen** [catorze].

frolic [brincadeira, brincar, divertir-se]

Observe que se acrescenta *k* às formas verbais **frolicking** e **frolicked**.

fulfil, fulfill [cumprir], **fulfilment, fulfillment** [cumprimento]

Essas palavras são frequentemente grafadas de maneira errônea. Em particular, observe o *l* antes do segundo *f*.
Em inglês britânico, prefere-se **fulfil** e **fulfilment**, enquanto o inglês americano prefere as formas com *l* duplo. Contudo, em inglês britânico o *l* é duplo nas formas verbais **fulfilling** e **fulfilled**.

funnel [funil, verter por um funil]

Em inglês britânico, o *l* é duplo nas formas verbais **funnelling** e **funnelled**. Em inglês americano, grafam-se **funneling** e **funneled**.

furore [furor, agitação, delírio]

Palavra pronunciada em três sílabas, com tônica na segunda: /fiu-**ró**-ri/.

further Ver **far**.

Fused [particípio fundido]

O **fused participle** é uma estrutura em que um substantivo verbal terminado em *-ing* (conhecido como **gerúndio**) é precedido por um substantivo ou pronome não possessivo, como em: *Bill leaving without saying goodbye surprised us all* [Bill ter saído sem se despedir surpreendeu a todos nós]. ▪ *We were surprised at him going like that* [Ficamos surpresos por ele ter saído desse jeito]. Esse uso ainda é considerado incorreto por alguns gramáticos.
De acordo com a regra tradicional, o substantivo ou pronome devem estar sob forma possessiva: *Bill's leaving without saying goodbye surprised us all.* ▪ *We were surprised at his going like that*. Contudo, essa regra não é mais unanimemente aceita e, sem dúvida, a forma "correta" parece excessivamente formal no uso moderno.

G

gallop [galope, galopar]

Observe que, nas formas verbais **galloping** e **galloped**, o *p* é simples.

gamble [jogar jogo de azar, apostar], **gambol** [saltar, dar piruetas]

Em inglês britânico, o *l* é duplo em **gambolling** e **gambolled**, mas em inglês americano essas formas são grafadas **gamboling** e **gamboled**, respectivamente.

gaol, jail [prisão]

Observe que **gaol** é uma variante da grafia **jail**, sendo pronunciada /djeil/, e não /goul/.

gauge [escala, calibre]

A pronúncia é /gueidj/, e a grafia é com *-au-* (e não *-ua-*).

genetics [genética]

Observe que **genetics** leva o verbo para o singular, como em: *Genetics is his specialism* [Genética é a especialidade dele].

genre [gênero, estilo]

A pronúncia dessa palavra é ditada por sua origem francesa: /**jân**-râ/.

gents [cavalheiros], **ladies** [damas]

Quando o sentido é de "toalete (para homens ou para mulheres)", as duas palavras exigem o verbo no singular, como em: *Where is the gents*? [Onde é o banheiro dos homens?]. ■ *The ladies is at the end of the hall* [O banheiro das mulheres fica no fim do saguão].

gerund Ver **fused participle**.

get
O particípio presente é **getting**, e o particípio passado é **got**. Em inglês americano, a segunda forma verbal também se apresenta como **gotten**, como em: *They have gotten permission from their parents* [Eles receberam permissão dos pais].
Observe que é melhor evitar, na escrita formal, certos usos informais, bastante comuns, de **get** e **got**:

- o uso de **get** para formar a voz passiva:

  ✗ *He got arrested for burglary.*

  ✔ *He was arrested for burglary.*

  [Ele foi preso por roubo.]

- o uso de **have got** em lugar do "have" e em lugar de "must":

  ✗ *I have got the mumps.*

  [Estou com caxumba.]

  ✗ *I have got to finish this report.*

  [Preciso acabar este relatório.]

- o uso de **get** ou **got** em lugar de um verbo mais explícito:

  ✗ *I got there in the evening.*

  ✔ *I arrived there in the evening.*

  [Eu cheguei lá de noite.]

  ✗ *He got a bottle of wine for the party.*

  ✔ *He bought a bottle of wine for the party.*

  [Ele comprou uma garrafa de vinho para a festa.]

geyser [gêiser], **geezer** [coroa (pessoa idosa)]
Não confundir essas duas palavras.

ghastly [horrível, medonho]
Observe o *h*, que não é pronunciado.

ghetto [gueto]
Observe o *h* e o *t* duplo. O plural pode ser grafado **ghettos** ou **ghettoes**.

gild [cobrir com ouro, dourar], **guild** [guilda]
O passado e o particípio passado de **to gild** podem ser **gilded** ou **gilt**.

Gipsy Ver **Gypsy**.

giraffe [girafa]
Grafada com *f* duplo.

glamour [*glamour*], **glamorize, glamorise** [glamorizar], **glamorous** [glamoroso]
Observe que o *u* de **glamour** cai em **glamorize** e **glamorous**. Em inglês americano, **glamour** também pode ser escrito **glamor**, e o verbo é sempre **glamorize**.

gonorrhoea [gonorreia]
Cuidado com o *h* e o *o* antes de *ea*. Em inglês americano, a grafia usual é **gonorrhea**.

good [bom]
O uso de **good** em lugar do advérbio ***well*** não é aceito pela gramática, por exemplo:

✘ *He did good in his exams.*

✔ *He did well in his exams.*

[Ele se saiu bem nos exames.]

gorgeous [bonito]
Não esqueça o *e* antes de *-ous*.

got, gotten Ver **get**.

gourmand [glutão], **gourmet** [*gourmet*]
Observe as diferenças de significado.

govern [governar], **government** [governo]

Não esqueça o *n* em **government**, que não é pronunciado.

graffiti [grafites]

Grafado com *f* duplo e *t* simples. Observe também que **graffiti** é uma palavra plural e, portanto, deve ser seguida por um verbo no plural, como em: *The graffiti are removed with a special solvent* [Os grafites são removidos com um solvente especial]. O singular, raramente empregado, é **grafitto**.

grammar [gramática], **grammatical** [gramatical]

grateful [agradecido], **gratefully** [agradecidamente], **gratitude** [gratidão]

Observe o grupo *atc* em **grateful**, o *l* duplo em **gratefully**, e o *i* em **gratitude**.

Great Britain [Grã-Bretanha]

Este termo é muitas vezes usado de maneira imprecisa. Tenha sempre em mente seu significado político.

- **Great Britain** (ou **Britain**) é a designação que abrange ***England*** [Inglaterra], ***Scotland*** [Escócia] e ***Wales*** [País de Gales].
- A unidade política conhecida como ***United Kingdom*** [Reino Unido] engloba ***Great Britain*** e ***Northern Ireland*** [Irlanda do Norte].
- O termo ***The British Isles*** [as Ilhas Britânicas] refere-se a todas as ilhas que formam o Reino Unido e mais a ilha da Irlanda (que, em termos de divisão política, contém, além da Irlanda do Norte, ***The Republic of Ireland*** [a República da Irlanda]). Lembre-se de que não se deve usar ***England*** ou ***English*** em vez de ***Britain*** ou ***British***.

grief [mágoa], **grieve** [magoar], **grievance** [agravo], **grievous** [penoso]

Lembre-se do *i* antes do *e*. Observe também que **grievous** não tem *i* depois do *v*, sendo pronunciado /**gri:**vâs/.

grisly [horrível, assustador], **grizzly** [cinzento, urso cinzento]

Observe que **grisly** é grafado com *s*; **grizzly** é grafado com *z* duplo.

guarantee [garantia, garantir]
Observe o *u* após o *g* e o *r* simples.

guerrilla, guerilla [guerrilha, guerrilheiro]
As duas grafias são corretas.

guild Ver **gild**.

guillotine [guilhotina]
Observe o *u* antes do *i*.

gynaecologist [ginecologista], **gynaecology** [ginecologia]
Observe o *y* após o *g*. Em inglês americano, essas palavras são, muitas vezes, grafadas sem o *a*: **gynecologist** e **gynecology**.

Gypsy, Gipsy [cigano]
As duas grafias são corretas, mas a primeira é mais comum. Em língua inglesa, contudo, muitas vezes prefere-se referir-se ao povo cigano como ***Roma***, e à sua língua e ao adjetivo que o identifica como ***Romany*** [romani].

H

habeas corpus

Como em português, emprega-se esse termo jurídico em sua forma original latina.

haemo-, hemo-

Muitas palavras que incluem o prefixo **haemo-** são comumente grafadas de maneira errônea. Lembre-se de que o prefixo é sempre escrito **haemo-** em inglês britânico, mas também pode ser grafado **hemo-** em inglês americano. Observe a grafia destas palavras:

haemoglobin [hemoglobina]
haemophilia [hemofilia]
haemophiliac [hemofílico]
haemorrhage [hemorragia]
haemorrhoid [hemorroida]

half, half of [metade de]

Observe os seguintes pontos quanto ao uso de **half** e **half of**.

- Pode-se usar **half** ou **half of** antes de um substantivo, como em: *Half the men went to the pub instead of helping to clear up* [Metade dos homens foi para o bar em vez de ajudar a limpar a sujeira]. ▪ *Half of the men went to the pub instead of helping to clear up.*
- Contudo, **half of**, e não **half**, deve ser usado antes de um pronome, como em: *Half of them went to the pub* [Metade deles foi ao bar].
- Com quantidades e horas, use **half** com o artigo indefinido, como em: *half a dozen* [meia dúzia] ▪ *ten and a half inches* [dez polegadas e meia] ▪ *a mile and a half* [uma milha e meia] ▪ *half an hour* [meia hora] ▪ *half a day's march* [marcha de meio-dia]. Cuidado para não usar dois artigos indefinidos com as quantidades ou vezes em que algo ocorre:

  ✘ *a half a day's march.*

- Quando **half** ou **half of** é usado com um substantivo incontável ou no singular, o verbo fica no singular como em: *Half the garden is submerged* [Metade do jardim está embaixo d'água]. ▪ *Half of our furniture is falling to pieces* [Metade da mobília está caindo aos pedaços].
- Quando **half** ou **half of** é usado com um substantivo contável no plural, o verbo vai para o plural: *Half the plants in the garden are dead or dying* [Metade das plantas do jardim está morrendo ou já está morta]. ▪ *More than half of their possessions were lost in the fire* [Mais da metade de seus pertences se perdeu no incêndio]. Mas, com quantidades e vezes em que algo ocorre, observe que o verbo fica no singular, mesmo que o substantivo esteja no plural: *Ten and a half days is a long time to wait to be rescued* [Dez dias e meio é muito tempo para esperar resgate].

handkerchief [lenço]

Observe o *d* e o *e* depois do *i*, que não são pronunciados. Em inglês britânico, a forma coloquial dessa palavra é ***hanky***.

hang [pendurar, pendurar-se]

Hung é o passado simples e o particípio passado do verbo **to hang**, como em: *The baby chimp hung from a branch by one arm* [O bebê chimpanzé se pendurou no galho com uma das mãos]. ▪ *The paintings were hung in the gallery yesterday and the exhibition starts today* [Os quadros foram pendurados na galeria ontem, e a exposição começa hoje]. Observe, contudo, que é considerado incorreto usar **hung** quando o verbo se refere à pena de morte ou suicídio por enforcamento [enforcar, enforcar-se]. Nesse caso, a forma correta é **hanged**, por exemplo:

✗ *He hung himself in his prison cell.*

✓ *He hanged himself in his prison cell.*

[Ele se enforcou na cela da prisão.]

✗ *William Wallace was hung, drawn and quartered.*

✔ *William Wallace was hanged, drawn and quartered.*

[William Wallace foi enforcado, arrastado e esquartejado.]

hangar [hangar], **hanger** [cabide]

- **hanger** também é a grafia para a palavra *hanger-on* [dependente; seguidor] e outras derivadas de **hanger** [pendurar].

hanged Ver **hung**.

harass [importunar], **harassment** [ato de importunar, preocupação]

Observe o *r* simples e o *s* duplo.

➤ Compare **embarass**.

hardly Ver **barely**.

have [ter, haver]

Observe os seguintes pontos relativos ao uso de **have**.

- Em inglês britânico, o presente perfeito (ou seja, com **have**) é normalmente usado com palavras como ***already*** ou ***just***: *I have already showered* [Já tomei banho]. ▪ *I've just showered* [Acabei de tomar banho]. Mas, em inglês americano, usa-se o presente simples nestes casos: *I already showered.* ▪ *I just showered.* O uso americano está se tornando cada vez mais comum em inglês britânico.
- Em inglês falado, e por vezes também no escrito, um **have** extra é por vezes inserido, especialmente em orações condicionais. Isso é condenado pela gramática e deve ser evitado:

✘ *If he'd (ou he had) have done it, his dad would have smacked him.*

✘ *If he had've done it, his dad would have smacked him.*

✔ *If he'd (ou he had) done it, his dad would have smacked him.*

[Se ele tivesse feito isso, seu pai o teria castigado.]

✘ *They'd have hated to have seen that happen.*

✔ *They'd hate to have seen that happen.*

✔ *They'd have hated to see that happen.*

[Eles devem ter odiado ver aquilo acontecer.]

headquarters [matriz, sede]

Headquarters pode ser seguido por um verbo no singular ou no plural: *The company headquarters is/are in the States* [A matriz da companhia fica nos Estados Unidos].

height [altura]

Embora derivada do adjetivo *high*, observe que essa palavra tem um *e* antes do *i*.

heinous [abominável, atroz]

A pronúncia é /**hi:**-nus/ ou /**hei**-nus/. Observe que o *e* vem antes do *i*, e que não há um *i* entre o *n* e o grupo *-ous*.

hemo- Ver **haemo-**.

here [aqui], **there** [lá]

Com **here** e **there**, o verbo deve concordar com o substantivo ou pronome que se segue: ou seja, verbo no singular com substantivo ou pronome singular; verbo no plural com substantivo ou pronome plural:

✘ *Here's Suzanne and Heather.*

✔ *Here are Suzanne and Heather.*

[Aqui estão Suzanne e Heather.]

Em inglês informal, ***is*** (ou, com mais frequência, sua forma abreviada ***'s***) é muitas vezes usado antes de um complemento no plural, mas isso não é aceitável na linguagem formal ou escrita:

✘ *There's many problems we have to solve first.*

✔ *There are many problems we have to solve first.*

[Há muitos problemas que temos que resolver primeiro.]

Contudo, com quantidades consideradas como um todo, ***is*** é mais correto que o plural ***are***, como em: *Here's seventy pence for your bus fare* [Aqui estão setenta *pence* para a passagem de ônibus]. Observe também que o verbo no singular é correto quando se está listando pessoas ou coisas individuais que devem ser consideradas separadamente, como em: *'What shall we have for dinner?' 'Well, there's chicken and fish in the freezer, and pasta and quiche in the fridge.'* ["O que vamos ter para o jantar?" "Bem, temos frango e peixe no *freezer*, e massa e quiche na geladeira"].

heroin [heroína (droga)], **heroine** [heroína (feminino de herói)]

hers [dela (*pron. poss.*)]

Lembre-se de que **hers** não tem apóstrofo, como em: *The coat on the armchair is hers* [O casaco que está na poltrona é dela].

hiccup, hiccough [soluço, soluçar]

As duas grafias são corretas.

hideous [hediondo, horrível]

Observe o *e* antes do grupo *-ous*.

Hindu [hindu], **Hindi** [híndi]

historic, historical [histórico]

Observe a diferença de sentido.

- **historic** significa "importante na história, ou que talvez seja relembrado por um longo tempo", como em: *a historic monument* [um monumento histórico] ▪ *a historic battle* [uma batalha histórica]. Recentemente, em especial na esfera da política, **historic** tem sido usado com muita frequência, e a palavra corre o risco de desgastar-se. Por esse motivo, tente evitar expressões como *a historic agreement* [um acordo histórico] ao escrever.
- **historical** significa "de ou referente a pessoas ou eventos (reais) da história", como em: *a historical novel* [um romance histórico] ▪ *a historical account of a village in Somerset* [um relato histórico de uma vila em Somerset].

HIV Ver **AIDS**.

hoard [reserva, estoque, tesouro], **horde** [horda, matilha]

Os significados são diferentes, mas a pronúncia é a mesma.

holey [cheio de furos, perfurado], **holy** [sagrado], **wholly** [totalmente, completamente]

Essas palavras têm a mesma pronúncia (/**hôu**-li/), mas cuidado com as diferentes grafias para os diferentes significados. Observe que as formas do comparativo de superioridade e do superlativo de **holey** e **holy** têm a mesma grafia: **holier** e **holiest**. Também procure não confundir as duas primeiras palavras com ***holly*** [azevinho].

- **holey**: *You're not going to wear that holey old cardigan, are you?* [Você não vai usar esse cardigã todo furado, vai?].
- **holy**: *the Holy Bible* [a Bíblia Sagrada].
- **wholly**: *I wasn't wholly satisfied with the answer he gave* [Eu não fiquei totalmente satisfeito com a resposta que ele deu].

Holland Ver **Netherlands**.

homeopathic [homeopático]

Não se esqueça do *e* após o *m*.

homogeneous [homogêneo], **homogenous** [homólogo]

Muita gente confunde essas palavras, especialmente quando são pronunciadas, mas, na verdade, elas não são sinônimas.

- **homogeneous**: *Even to the extent that they represent a homogeneous group, people with disabilities and learning difficulties represent less than 0.5 per cent of all those enrolled in colleges of further and higher education* [Mesmo que constituam um grupo homogêneo, as pessoas deficientes e com dificuldade de aprendizado representam menos de 0,5 por cento dos matriculados em faculdades].
- **homogenous** é sinônimo de **homologous**: *In this case, a pair of homogenous chromosomes fail to separate from one another during meiosis* [Neste caso, um par de cromossomas homogêneos não consegue se separar durante a meiose].

hopefully

O uso comum de **hopefully** em inglês informal é com o sentido de "com sorte" ou "espero que", ou "espera-se que", mas isso provoca arrepios em muitos puristas, que acham que esse advérbio só deveria ser usado para significar "de maneira esperançosa", como em: *He waited hopefully for the weather to improve* [Ele tinha esperança de que o tempo melhorasse]. Por esse motivo, é melhor evitá-lo ao escrever, particularmente em correspondência formal ou comercial.

horde Ver **hoard**.

hors d'oeuvre

Embora bastante empregada em inglês, essa é uma palavra de origem francesa, o que torna sua grafia um tanto problemática.

how [como]

- Evite usar **how** em lugar de ***that*** [que], como em:

  ✗ *Adele told me how she'd had to stand in the rain for an hour.*

  ✓ *Adele told me that she'd had to stand in the rain for an hour.*

  [Adele disse que teve que ficar na chuva durante uma hora.]

- **how** significa "de que maneira" e, portanto, não deve ser usado em lugar de ***why*** [por que], como em:

  ✗ *'You can't go to the park.' 'How not?'*

  ✓ *'You can't go to the park.' 'Why not?'*

  ["Você não pode ir ao parque." "Por que não?"]

however, how ever

Observe as diferenças de significado.

- **however** significa "por mais que", "apesar de" ou "entretanto", como em: *However much we wish for a lottery win, it isn't very likely to happen* [Por mais que desejemos ganhar na loteria, é pouco provável que isso aconteça]. ▪ *He has tried every diet there is. However, he hasn't succeeded in losing much weight* [Ele já experimentou todas as dietas que existem. Entretanto, não conseguiu perder muito peso].

- **how ever** é, por vezes, usado como variante mais enfática de **how**, como em: *How ever did you manage to lock yourself in the cellar?* [Como é que você conseguiu se trancar no porão?].

humour [humor], **humorist** [humorista], **humorous** [humorístico]

Observe que o *u* de **humour** desaparece em **humorist** e **humorous**. Em inglês americano, esse *u* simplesmente não existe, e a palavra é grafada **humor**, assim como seus derivados.

hygiene [higiene], **hygienic** [higiênico]

As duas palavras apresentam *y* antes do *g*.

hymn [hino]

Cuidado com o *n* final, que não é pronunciado.

Hyphen [hífen]

A função básica do hífen é unir palavras ou partes de palavras para mostrar que elas devem ser lidas como uma unidade, como em: *He is a well-known figure around these parts* [Ele é uma figura muito conhecida por essas bandas]. A tendência moderna é usar o hífen apenas quando for estritamente necessário.

- O hífen deve ser sempre usado quando a clareza o exigir. Compare os seguintes exemplos:
  He has twenty-odd cousins.
  He has twenty odd cousins.

Com o hífen, *twenty-odd* significa que ele tem mais ou menos vinte primos; sem o hífen, o significado é que ele tem vinte primos que, de alguma forma, são estranhos.

- O hífen deve ser usado para evitar uma combinação de letras visualmente inaceitável (*cliff-face*, *cross-stitch*), ou uma leitura errônea da palavra como unidade (*hip-hop*, *sun-up*).
- As palavras compostas entendidas como a soma de suas partes, e não como conceito único, frequentemente recebem hífen. Depois que a palavra composta se integra à língua como conceito único, o hífen desaparece, como em: *airbag*, *hotline*, *website*.
- Quando uma palavra composta por duas outras é usada como verbo, usa-se o hífen se é o segundo elemento que tem o caráter verbal mais forte, como em: *She tends to clock-watch as five o'clock approaches* [Ela não tira os olhos do relógio quando as cinco horas vão se aproximando]
- Em alguns substantivos compostos por mais de duas palavras, o hífen, muitas vezes, é a única maneira de perceber o sentido expresso por essa composição, como em: *johnny-come-lately*. Se as palavras não forem unidas por hífen, fica mais difícil entender seu sentido em uma oração: *Karl was a johnny come lately to the joys of family life* [Karl era indiferente aos prazeres da vida em família].
- O hífen também deve ser usado em frases formadas por duas ou mais palavras empregadas como adjetivos e precedendo um substantivo, como em: *the balance-of-payment deficit* [o déficit da balança de pagamento]. Entretanto, quando frases como essa se seguem ao substantivo, não se usa o hífen,

como em: *a deficit in the balance of payments* [um déficit na balança de pagamentos].

Quando não se deve usar o hífen

- Quando uma frase é constituída de duas palavras separadas cujo significado é perfeitamente claro sem o hífen, como: *false teeth* [dentadura]; *a fashion victim* [uma vítima da moda].
- Quando a primeira palavra da unidade é um advérbio com final *-ly*, geralmente não se usa hífen entre o advérbio e o adjetivo, como em: *a beautifully kept garden* [um jardim lindamente cuidado]. Contudo, usa-se o hífen quando o advérbio com final *-ly* está ligado tão intimamente à palavra seguinte que as duas são vistas como uma expressão fixa, como em: *a highly-strung pony* [um pônei muito nervoso]; *a fully-fledged member of the aristocracy* [um empertigado membro da aristocracia].

Phrasal verbs [verbos frasais]

Observe que não se usa hífen nos verbos frasais: *He certainly takes after his father* [Ele, com certeza, puxou o pai]. ■ *You can top up your mobile here* [Você pode pôr créditos em seu celular aqui]. Em geral, a confusão normalmente ocorre devido ao fato de os substantivos formados a partir de verbos frasais receberem hífen: *a top-up card* [um cartão de crédito para celular].

► Ver também **prefixo** [prefixo].

I [eu], **me** [eu, me, mim]

Observe quando se devem usar essas formas do pronome pessoal de primeira pessoa do singular.

- Use **I** antes de um verbo quando o pronome for sujeito da oração, como em: *I love old movies* [Adoro filmes antigos]. ▪ *Jane and I like gardening* [Jane e eu gostamos de jardinagem]. ▪ *Jane and Paul and I like gardening* [Jane, Paul e eu gostamos de jardinagem].
- Use **me** depois de um verbo quando o pronome for complemento desse verbo, como em: *He gave me a lift home* [Ele me deu uma carona até em casa]. Contudo, é erro comum usar **I**, em lugar de **me**, quando outros complementos (não representados por pronomes) são incluídos, como em:

  ✗ *She gave Alan and I a lift home.*

  ✔ *She gave Alan and me a lift home.*

  [Ela deu uma carona para mim e Alan até em casa.]

  ✗ *He sends Mum and Dad and I a present every Christmas.*

  ✔ *He sends Mum and Dad and me a present every Christmas.*

  [Ele manda um presente para o papai, para a mamãe e para mim todo Natal.]
- Outro erro comum é usar **I**, em lugar de **me**, depois de uma preposição:

  ✗ *Janey sat between Robbie and I.*

  ✔ *Janey sat between Robbie and me.*

  [Janey sentou-se entre Robbie e mim.]

  ✗ *William waved to Anne and I as he drove away.*

✔ *William waved to Anne and me as he drove away.*

[William acenou para Anne e para mim enquanto se afastava.]

Em caso de dúvida, omita os outros termos, conservando apenas **me**. O erro parecerá óbvio.

- Estritamente falando, é correto usar **I** depois do verbo *to be*, embora poucas pessoas ainda usem "It is I" ou "It was I", formas consideradas anacrônicas. O uso moderno prefere "It is me" ou "It was me". Contudo, quando uma oração se segue ao pronome, o uso formal ainda é **I**, como em: *It was I, rather than my partner, who drew up the new will* [Fui eu, e não meu sócio, que redigi o novo testamento].

-ible Ver **-able**.

-icy, -isy

Existem poucas palavras inglesas com os finais **-icy** (*policy* [política], *theodicy* [teodiceia]) ou **-isy** (*hypocrisy* [hipocrisia], *pleurisy* [pleurisia]).

➤ Ver também **-acey** ou **-asy**.

idiosincrasy [idiossincrasia]

Um falante de português pode facilmente errar a grafia dessa palavra. Lembre-se de que ela é grafada com *s* simples.

idyll [idílio], **idyllic** [idílico]

Observe o *l* duplo nas duas palavras.

-ie-, -ei-

A conhecida regra do "*i* antes de *e*, exceto depois de *c*" pode ser muito útil, desde que se tenham em mente as muitas exceções a ela, tais como: *caffeine* [cafeína], *foreign* [estrangeiro], *forfeit* [multa], *heifer* [novilha], *leisure* [lazer], *protein* [proteína], *seize* [pegar], *sovereign* [soberano], *weir* [açude], *weird* [destino].

Às vezes, a pronúncia pode ser usada como guia para a grafia, pois as palavras com determinadas pronúncias tendem a ser grafadas com **-ie-** ou **-ei-**:

- Se as vogais são pronunciadas como /ei/ (como em *may* e *lane*), a grafia usual é **-ei-**, por exemplo: *beige* [bege], *deign* [conceder], *eight* [oito], *feign* [fingir], *freight* [frete], *heir* [herdeiro], *inveigle* [enganar], *neigh* [relinchar], *neighbour* [vizinho], *reign* [reinar], *rein* [rédea], *sleigh* [trenó], *veil* [véu], *vein* [veia], *weigh* [pesar], *weight* [peso].
- Se as vogais são pronunciadas como /ai/ (como em *eye* e *might*), a grafia usual é **-ei-**, por exemplo: *Fahrenheit* [farenheit], *height* [altura], *kaleidoscope* [caleidoscópio], *seismology* [sismologia]. Mas, quando o som /ai/ é seguido por *r*, a ordem das vogais segue a regra do "*i* antes de *e*", por exemplo: *fiery* [inflamado], *hierarchy* [hierarquia], *hieroglyphics* [hieróglifos].
- Depois do *c* ou *t* pronunciados /sh/, a ordem é sempre **-ie-**: *ancient* [antigo], *conscience* [consciência], *deficient* [deficiente], *efficient* [eficiente], *patience* [paciência], *patient* [paciente], *quotient* [quociente], *species* [espécie], *sufficient* [suficiente].

ignoramus [ignorante, néscio]

O plural é **ignoramuses**.

illegal [ilegal], **illegible** [ilegível], **illiterate** [analfabeto]

Observe o *l* duplo em todas essas palavras.

illusion Ver **allusion**.

immigrant Ver **emigrant**.

immoral Ver **amoral**.

impassable [intransitável], **impassible** [impassível]

Observe o final dessas palavras, que têm sentidos diferentes.

- **impassable**: *Flood water had made the route impassable* [A enchente deixou a estrada intransitável].
- **impassible**: *The experience of war made him question the metaphysical assumption of an impassible God* [A experiência da guerra o fez questionar o conceito metafísico de um Deus impassível].

impeccable [impecável]

Observe o *c* duplo. Em sua origem, o significado da palavra era "sem pecado", do latim *peccare* [pecar].

impel Ver **compel**.

impetus [ímpeto]

O plural é **impetuses**.

imply [implicar, subentender, querer dizer, insinuar], **infer** [inferir, deduzir, entender]

É muito comum as pessoas usarem **infer** no sentido de **imply**, como em: *Are you inferring that I'm a liar?* [Você está querendo dizer que eu sou mentiroso?].

Como **infer** e **imply** têm sentidos distintos, muita gente considera esse uso de **infer** um erro crasso, que implica um conhecimento inadequado do inglês. Portanto, é melhor especificar o uso correto de **imply** e **infer** em contextos formais.

- **imply**: *What do you mean when you say I need help? Are you implying that I'm not up to the job?* [O que você quer dizer ao afirmar que eu preciso de ajuda? Você está insinuando que eu não estou habilitado para o emprego?]. ▪ *Are you implying that I'm a liar?* [Você quer dizer que eu sou mentiroso?].
- **infer**: *Am I to infer from what you say that you think I'm not up to the job?* [Pelo que você está dizendo, devo entender que você acha que não estou preparado para o emprego?]. ▪ *He inferred from her sceptical response that she didn't believe him* [Por sua resposta cética, ele deduziu que ela não acreditava nele].

impracticable [impraticável], **impractical** [não prático]

Observe as diferenças de significado:

- **impracticable**: *With a river on one side and a steep drop on the other, it is impracticable to widen the road* [Com um rio de um lado e um precipício do outro, fica impraticável alargar a estrada].
- **impractical**: *The plan may have looked good on paper but in reality we found that it was impractical* [O plano podia parecer

bom no papel, mas, na realidade, achávamos que ele não era prático].

impresario [empresário]

Observe que o *s* do meio da palavra é simples. O plural é **impresarios**.

improvise [improvisar]

Observe que o final é sempre *-ise* (e não *-ize*).

impugn [impugnar, contestar]

Pronuncia-se /im-**piun**/. O *g* é mudo.

include Ver **comprise**.

incorporate

Apesar da pronúncia /in-**ko:**pê-reit/, observe o grupo *-por-* (e não *-pir-* ou *-per-*) no meio da palavra.

incredible [inacreditável], **incredulous** [incrédulo]

Não confunda essas duas palavras:

- **incredible**: *The whole episode was quite incredible* [A história toda parecia inacreditável].
- **incredulous**: *'You cannot be serious!' he screamed, his voice incredulous* ["Você não pode estar falando sério!", gritou ele numa voz incrédula].

indefinite [indefinido], **indefinitely** [indefinidamente]

Observe o grupo *-fin-* e o final *-itely* nas duas palavras.

index [índice]

Existem dois plurais: **indexes** e **indices**.

- **indices** é o plural no sentido matemático de "o número de vezes em que o número é multiplicado por si mesmo", sendo também empregado em outros sentidos científicos e técnicos.
- **indexes** é a forma que se refere às listagens de livros e trabalhos acadêmicos.

Para outros sentidos gerais, o plural pode ser **indexes** ou **indices**.

indict [indiciar, culpar], **indictment** [indiciamento]

A pronúncia do grupo *-dict* dessas palavras rima com *bite* /bait/: /in-**dait**/ e /in-**dait**-ment/, mas observe a presença do *c*.

➤ Compare **interdict**.

indifferent [indiferente], **indifference** [indiferença]

Observe o grupo *-fer-*, cujo *e* geralmente não é pronunciado.

indispensable [indispensável]

Observe o final em *-able*, e não em *-ible*.

infallible [infalível]

Observe o *l* duplo.

infectious [infecciosa], **contagious** [contagiosa]

Quando **infectious** e **contagious** são usados com referência a doença, seus significados são diferentes.

Observe que não há uma diferença real de significado quando **infectious** e **contagious** são usados em sentido figurado, como em: *infectious laughter* [uma risada contagiante] ▪ *His enthusiasm was contagious* [O entusiasmo dele era contagiante].

infer Ver **imply**.

inferior [inferior]

Observe que, quando **inferior** é usado como adjetivo comparativo, deve ser seguido por ***to*** (e não por ***than***), como em: *Modern chemical dyes are usually considered to be inferior to the natural dyes used in older rugs* [Os modernos corantes químicos geralmente são considerados inferiores aos corantes naturais usados nos tapetes mais antigos].

infinite [infinito]

Pronúncia: a última sílaba deve rimar com *it*, e não com *bite*.

infinitive Ver **split infinitive**.

inflammable, flammable [inflamável]

Observe o *m* duplo nas duas palavras. Elas têm o mesmo sentido. **Inflammable** é de uso mais geral, mas, em favor da clareza, e particularmente no uso técnico, **flammable** é preferível. Observe que o antônimo é **non-flammable** (e não **non-inflammable**).

inflatable [inflável]

Essa palavra deriva do verbo **inflate** [inflar], cujo e desaparece ao se acrescentar o sufixo *-able*. Este não é o caso de **debate** [debater], que pode derivar ***debatable*** e ***debateable*** [discutível], ambas consideradas corretas.

inflict Ver **afflict**.

ingenious [engenhoso, muito criativo], **ingenuous** [inocente, aberto, franco]

Observe que as duas grafias só se diferenciam por uma única letra, embora seus significados sejam bastante diferentes:

- **ingenious**: *That's an ingenious contraption you've built there* [A engenhoca que vocês construíram lá é muito criativa].
- **ingenuous**: *On closer examination, the girl had a pleasing appearance, ingenuous but not foolish* [Num exame mais detalhado, a moça apresentava uma aparência agradável, inocente mas não tola].

innocuous [inócuo]

Observe o *n* duplo.

innumerable [inumerável]

Observe o *n* duplo.

inoculate [inocular, aplicar], **inoculation** [inoculação, aplicação]

Observe o *n*, e o *c* e o *l* simples.

inquire, enquire [inquirir]

As duas grafias são corretas, mas **inquire** é mais comum, especialmente em contextos formais, como relatórios ou investigações.

inquiry, enquiry [inquirição]

Como *inquire*, **enquiry** é mais comum em contextos formais.

inseparable [inseparável]

Observe o grupo *-par-*, cujo *a* geralmente não é pronunciado.

insignia [insígnia]

Dois plurais possíveis: **insignia** ou **insignias**.

instal, install [instalar]

As duas grafias são corretas, mas **install** é mais comum.

instalment, installment [instalação]

Em inglês britânico, grafa-se com *l* simples, mas em inglês americano a grafia é com *l* duplo.

instil, instill [instilar]

As duas grafias são corretas, mas **instil** é mais comum.

insurance Ver **assurance**.

insure Ver **ensure**.

intense [intenso, extremo], **intensive** [concentrado, completo]

Não confunda essas palavras, que têm significados diferentes:

- **intense**: *intense cold* [frio intenso] ▪ *There's intense competition for places on that course* [Há uma intensa disputa por lugares naquela corrida]. ▪ *an intense blue* [um azul intenso].
- **intensive**: *an intensive training programme* [um programa de treinamento completo] ▪ *an intensive search* [uma busca concentrada].

interdit [interditar]

Pronuncia-se /intâ:**dikt**/.

➤ Compare **indict**.

interrogate [interrogar], **interrogation** [interrogatório]

Observe o *r* duplo e o *o* do grupo *-tion*.

interrupt [interromper], **interruption** [interrupção]

O *r* é duplo nas duas palavras.

intrigue [intriga]

Observe que o final é grafado *-igue*, apesar da pronúncia /in-**tri:g**/.

Inuit [inuíte], **Eskimo** [esquimó]
A maioria dos povos antes chamados de **Eskimo** hoje preferem ser conhecidos como **Inuit**. Contudo, isto não se aplica a todos eles. Os indígenas de algumas regiões, como os da Sibéria oriental, preferem ser chamados de ***Yupik***.

invoke Ver **evoke**.

irregardless Ver **regardless**.

Islam Ver **Muslim**.

-isy Ver **-icy**.

itinerary [itinerário]
Cuidado com o final -*erary*, que quase não é pronunciado.

it's, its
Observe que o apóstrofo muda o significado e não indica posse, como geralmente acontece; portanto, fique atento para usar a forma escrita correta.

- **it's** (com apóstrofo) é a forma reduzida informal de "it is" e "it has", como em: *It's* [= it has] *gone dark all of a sudden* [Ficou escuro de repente].
- **its** (sem apóstrofo) é a forma possessiva de ***it***, como em: *The moorhen makes its nest in the vegetation close to the water's edge* [A galinhola faz o ninho na vegetação à beira d'água]. ▪ *The car is old and its bodywork is rusting* [O carro é velho e a carroceria está enferrujando].

-ize, -ise
Em inglês britânico, para muitos verbos, os finais **-ize** e **-ise** são igualmente aceitos: *organize/organise* [organizar], *publicize/publicise* [anunciar], *cauterize/cauterise* [cauterizar]. Em inglês americano, prefere-se o final **-ize**. Algumas palavras, nas duas variantes, devem ser grafadas com **-ize**: *capsize* [capotar], *prize* [prêmio], *seize* [agarrar] e *size* [tamanho].
Também existem palavras que devem ser grafadas com **-ise**. As mais comuns são as seguintes:

advise [aconselhar]
appraise [louvar]
arise [erguer]
bruise [contusão]
chastise [castigar]
circumcise [circuncidar]
comprise [compreender[
compromise [acordo]
despise [desprezar]
devise [inventar]
disguise [disfarçar]
excise [imposto]
exercise [exercício]
franchise [franquia]
improvise [improvisar]
incise [entalhar]
liaise [unir-se]
practise [praticar]
prise [prezar]
promise [prometer]
revise [revisar]
rise [erguer]
supervise [supervisionar]
surmise [suposição]
surprise [surpresa]
televise [televisar]

J

jail Ver **goal**.

jeopardize [prejudicar], **jeopardy** [prejuízo]

Lembre-se do *o* nessas palavras. **Jeopardize** pode ser escrito com o final *-ise*.

jeweller, jeweler [joalheiro]

O inglês britânico prefere a forma com *l* duplo; o inglês americano, com *l* simples.

jewellery, jewelery [joalheria]

As duas palavras são pronunciadas /**dju:l**-rɪ/. A grafia britânica é com *l* duplo; a americana, com *l* simples.

jihad, jehad [jihad, a defesa do Islã]

As duas grafias são aceitas, mas **jihad** é a mais empregada.

jodhpurs [culote]

Observe a sequência de letras *-d-h-p-*. **Jodhpurs** é um substantivo plural que, evidentemente, leva o verbo para o plural, como em: *Her jodhpurs are muddy* [Seu culote está enlameado].

join [juntar, unir]

É erro de estilo associar **together** [junto, juntos] a **join**, pois o verbo já traz em si o sentido de pôr coisas juntas. Portanto, é redundante usar as duas palavras simultaneamente:

✗ *These two young people, who are to be joined together in marriage, ...*

✔ *These two young people, who are to be joined in marriage, ...*

[Estes dois jovens, que agora são unidos em matrimônio,...]

➤ Ver também **tautology**.

judgement, judgment [julgamento]

As duas grafias são corretas, mas o inglês britânico prefere a primeira (com *e* depois de *g*).

judicial [jurídico, judicial], **judicious** [prudente]

Observe as diferenças de significado entre essas duas palavras:

- **judicial**: *a judicial review* [uma revisão judicial] ▪ *a fair and reliable judicial system* [um sistema justo e confiável].
- **judicious**: *It was certainly a judicious move to buy up all the surrounding land* [Foi, com certeza, uma atitude prudente comprar toda a terra à volta].

junction [junção, cruzamento], **juncture** [conjuntura, ponto crítico]

Não confunda essas palavras.

- **junction**: *a railway junction* [cruzamento] ▪ *Turn left at the junction of Great George Street and Granworth Street* [Vire à esquerda no cruzamento da Great George Street e Granworth Street].
- **juncture**: *At this critical juncture, nothing should be said or done that would jeopardize the negotiations* [Neste ponto crítico, não se deve dizer ou fazer nada que prejudique as negociações].

junta [junta militar]

Essa palavra é geralmente pronunciada /**djân**-tâ/, mas sua origem espanhola também permite a pronúncia /**hun**-tâ/, com o *h* aspirado.

K

karaoke

Observe a grafia, apesar da pronúncia /kari-**ôu**-ke/.

keenness [entusiasmo]

Observe o *n* duplo.

kerb Ver **curb**.

khaki [cáqui]

Lembre-se de que o *h* vem depois do primeiro *k*.

kibbutz [kibutz]

O plural é **kibbutzim**.

kidnap [raptar]

Em inglês britânico, dobra-se o *p* em **kidnapping**, **kidnapped** e **kidnapper**. Em inglês americano, essas formas também podem ser grafadas **kidnaping**, **kidnaped** e **kidnaper**.

kind of [espécie de]

Em inglês informal, a estrutura "***these/those*** + ***kind of*** + substantivo plural" é muito comum, como em: *These kind of trousers are not fashionable anymore* [Este tipo de calça já não está na moda]. ▪ *These kind of things are always happening to me* [Este tipo de coisa está sempre me acontecendo]. Apesar de ser comum, essa estrutura é proibida pela gramática e, portanto, deve ser evitada em inglês formal e escrito. Em seu lugar, use a estrutura "substantivo plural + ***of this/that kind***", ou "***this/that*** + **kind of** + substantivo singular", como em: *Trousers of this kind are not fashionable anymore.* ▪ *That kind of thing is always happening to me.*

kitsch [*kitsch*, de mau gosto]

Observe o *s* antes do *ch*.

knowledge [conhecimento], **knowledgeable** [instruído]

Observe que o *e* final de **knowledge** não desaparece em **knowledgeable**.

Koran [Corão]

Esse é o nome das escrituras sagradas da religião muçulmana. Grafias como **Qoran**, **Quran** ou **Qur'an** são igualmente corretas, porém menos comuns.

laboratory [laboratório]

Observe o *o* e o final *-atory*. É muito comum a forma abreviada **lab**.

labour [trabalho], **laborious** [laborioso]

Observe que o *u* de **labour** desaparece no adjetivo **laborious**.

labyrinth [labirinto]

Observe o *y*, que geralmente é omitido na pronúncia.

lacquer [laca, laquear]

Observe o *c* antes do grupo *qu*.

ladies Ver **gents**.

lama [lama (monge tibetano)], **llama** [lhama]

Não confunda essas palavras.

language [língua, linguagem]

Observe o primeiro *a*.

latte [leite]

Termo emprestado do italiano; cuidado com o *t* duplo.

latter [o segundo]

Cuidado com o *t* duplo; não confunda a palavra com *later*. Observe que *the latter* só deve ser usado para se referir ao segundo de dois elementos, e não ao último de mais de dois elementos:

✔ *I glimpsed Susan and Tom in the crowd but only the latter saw me.*

[Vislumbrei Susan e Tom na multidão, mas só o segundo me viu.]

✗ *As far as wine is concerned, we have red, white, and sparkling, but I wouldn't recommend the latter.*

➤ Ver também **former**.

laudable [louvável, honroso], **laudatory** [elogioso]

As duas palavras estão relacionadas com o verbo *praise* [louvar], mas cuidado com a diferença entre elas:

- **laudable**: *She did not take first place but came in a very laudable second* [Ela não tirou o primeiro lugar, mas chegou num honroso segundo lugar].
- **laudatory**: *The performance garnered some highly laudatory reviews* [O desempenho granjeou algumas críticas extremamente elogiosas].

lay, lie [estender, deitar], **lie** [mentir]

A diferença entre *lay* e *lie* no sentido de estender e deitar é que o primeiro é transitivo, portanto exige sempre objeto direto, e o segundo é intransitivo.

- **lay** (passado simples e particípio passado: *laid*): *Lay the map out on the grass and hold the corners down with stones* [Estenda o mapa na grama e prenda os cantos com pedras]. ▪ *She carried the sleeping child upstairs and laid him down gently on the bed* [Ela levou o garoto adormecido para cima e o colocou na cama cuidadosamente]. **Lie** (passado simples: *lay*; particípio passado: *lain*): *He lies on that bed all day staring at the ceiling* [Ele fica deitado o dia inteiro nessa cama olhando para o teto]. ▪ *He lay down and tried to bet some sleep* [Ele deitou e tentou conciliar o sono]. ▪ *If you hadn't laid in bed all morning, you wouldn't have missed all the fun* [Se você não tivesse ficado deitado na cama a manhã inteira, não teria perdido toda a diversão].

  ✗ *Surely you're not going to lay in bed all day again?*

- **lie**: no sentido de "mentir", é regular, ou seja, sua forma de passado e particípio passado é **lied**.

lend [emprestar], **loan** [empréstimo, emprestar]

O uso de **loan** como verbo é mais comum em inglês americano, mas também pode ocorrer em inglês britânico, como em: *Will you* *loan me your bike?* [Você pode me emprestar sua bicicleta?]. Contudo, não é considerado correto usar **lend** como substantivo:

✗ *Will you give a lend of your bike?*

lengthy, long [longo, de grande extensão]

As duas palavras têm o mesmo significado, mas **lengthy** é geralmente usada com relação a uma fala ou texto longo (e, muitas vezes, tediosos), como em: *His talk was rather lengthy, and many in the audience were finding it difficult to stay awake* [Sua palestra foi um tanto quanto longa, e muita gente da plateia estava achando difícil ficar acordada].

leopard [leopardo]

Cuidado! Na pronúncia, o *o* é omitido.

less Ver **fewer**.

letters [cartas]

O início de uma carta, quando nos dirigimos diretamente ao destinatário, é chamado de **saudaçao**. Existem várias formas de saudar o destinatário:

- Se possível, refira-se à pessoa pelo nome de família (*Dear Dr Steadman*).
- Se você desconhecer esse nome ou não se sentir seguro quanto ao seu emprego, use *Dear Sir*, *Dear Madam* ou *Dear Sir/Madam*.
- Em cartas mais informais, você pode usar formas como *My dear Joe* ou *Dearest Mary.*

O final de uma carta também é chamado de **fecho**, sendo determinado pela saudação usada:

- *Dear Sir*, *Dear Madam* ou *Dear Sir/Madam* exige *Your faithfully*.

- Em cartas mais formais, se a pessoa for mencionada pelo nome (*Dear Janice* ou *Dear Dr Steadman*), use *Yours sincerely* no fecho.
- Em cartas mais informais, prefira *Regards*, *Best wishes*, *Yours* ou *Kind regards*.

Em inglês americano, os fechos usados são diferentes:

- Depois de *Dear Sir/Madam*, use *Sincerely yours*, *Truly yours* ou *Respectfully yours*.
- Depois de saudar uma pessoa pelo nome (*Dear Jim* ou *Dear Mr Jones*), use *Yours sincerely*, *Sincerely yours*, *Yours truly* ou *Truly yours*.

leukaemia [leucemia]

Lembre-se de que a palavra é grafada com *k*, e não com *c*, e de que, em inglês britânico, há um *a* antes do segundo *e* (a grafia do inglês americano é **leukemia**).

liable, likely, apt, prone

Como essas palavras possuem significados ligeiramente diferentes, é preciso cuidado para usá-las no contexto correto. Observe também que **liable to**, **likely to** e **apt to** devem ser seguidos pelo verbo no infinitivo. **Prone to**, por outro lado, pode ser seguido por um substantivo, um verbo no infinitivo ou pela forma *-ing* do verbo.

- **liable** significa "correr o risco de, passível de" e geralmente expressa a ideia de que haverá consequências desagradáveis, em especial para o sujeito da oração, e, em geral, este é o resultado de uma ação ou evento anterior: *People who play with fire are liable to get burnt* [Quem brinca com fogo acaba se queimando].
- **likely** significa "provável, provavelmente" e é usado para se referir a um determinado lugar ou tempo, como em: *Since he doesn't drink, he isn't likely to want to go to a pub* [Como ele não bebe, é pouco provável que queira ir ao bar]. ▪ *If you don't*

hurry up, you are likely to miss the beginning of the play [Se você não se apressar, pode perder o começo da peça].

- **apt** e **prone** significam "tendendo a ou com o hábito de", mas **prone** só deve ser usado com relação a pessoas. **Prone** também é preferível quando nos referimos a aspectos desagradáveis do caráter de uma pessoa ou a uma tendência a coisas ruins ou desagradáveis. Compare os exemplos: *These tiles are apt to break if you use tile clippers to cut them* [Estes azulejos tendem a quebrar quando se usa um cortador para cortá-los]. ■ *Elderly people are prone to falls, often because of arthritic joints or dizziness* [Os idosos têm tendência a quedas, muitas vezes devido à artrite ou tontura]. ■ *Nahum was no longer so kind or considerate, and he was prone to strange moods* [Nahum já não era gentil ou atencioso, e deu para ter hábitos estranhos].

liaise, liaison [ligação, união]

Essas palavras são frequentemente grafadas de modo errado. Lembre-se de incluir o segundo *i*.

libel, slender

As duas palavras são usadas para descrever a reputação de alguém, mas é importante lembrar a diferença de uso:

- **libel** significa "material difamatório que é publicado, impresso ou transmitido; calúnia; difamação".
- **slender** é o material difamatório falado.

libretto [libreto]

Há dois plurais possíveis: **librettos** e **libretti**, devido à origem italiana da palavra.

licence, license

Em inglês britânico, **licence** é o substantivo [licença], e **license** é o verbo [licenciar]. Em inglês americano, **license** é o substantivo e o verbo. Cuidado também com o substantivo **licensee** [licenciado], e os adjetivos **licensed** [licenciado] e **licensing** [licenciador].

lie Ver **lay**.

lieutenant [tenente]

Em inglês britânico, a primeira sílaba é pronunciada /léf-/. Em inglês americano, sua pronúncia é /lu:-/.

lighted, lit

Lighted e **lit** podem ser usadas como passado e particípio passado do verbo *to light* [acender], mas **lit** é mais comum em inglês britânico, especialmente para o passado, como em: *He lit the candle* [Ele acendeu as velas]. Em inglês americano, **lighted** é mais comum: *He lighted the candles.*
Como adjetivo preposto ao substantivo, **lighted** é mais comum, como em: *lighted candles* [velas acesas]. Contudo, em locuções adjetivas, **lit** é mais comum, como em: *a dimly lit basement* [um porão fracamente iluminado].

lightening, lightning

A grafia dessas palavras é muito similar, o que torna fácil confundi-las.

- **lightening** é o particípio presente do verbo *lighten* [iluminar, suavizar, aliviar], como em: *He smiled, lightening the tension that had grown between them* [Ele sorriu, aliviando a tensão que se criara entre eles].
- **lightning** é uma súbita descarga elétrica no céu [raio], geralmente seguida pelo som do ***thunder*** [trovão].

likable, likeable [provável]

As duas grafias são corretas.

like, as [como]

Observe os seguintes pontos referentes ao uso de **like** e **as**.

- Em geral, embora não se trate de uma regra absoluta, **like** é preferível quando se está fazendo uma verdadeira comparação, e **as** quando não está envolvida uma comparação real ou se está fazendo um comentário. **Like** é geralmente usado quando o que se segue é um substantivo, uma locução substantiva ou um pronome, como em: *It feels like silk, but it a man-made fibre* [Parece seda, mas é fibra artificial]. ▪ *I don't think he looks like me at all* [Não acho que ele se pareça comigo de jeito nenhum]. Em inglês informal, **like** também é usado antes de verbos ou orações, mas observe que, num contexto formal, prefere-se **as if**:

✗ *You look like you need a holiday.*

✓ *You look like as if you need a holiday.*

[Parece que você precisa de férias.]

- Assegure-se de que a comparação se refere a pessoas ou coisas que podem ser de fato comparadas. Nos primeiros três exemplos abaixo, *me* e *Gordon* estão sendo comparados, mas o primeiro exemplo faz uma ligação incorreta entre *me* e *dislike*; o terceiro exemplo usa **as** para ligar *Gordon's dislike* e *mine* (= *my dislike*).

✗ *Like me, Gordon's dislike of any form of confrontation is intense.*

✓ *Like me, Gordon has an intense dislike of any form of confrontation.*

✓ *Gordon's dislike of any form of confrontation is intense, as is mine.*

[Como eu, Gordon desaprova firmemente qualquer tipo de confronto.]

likely Ver **liable**.

lineage [linhagem, genealogia]

Pronuncia-se /**lin**-idj/. Cuidado com o *e* em posição central, pois **linage** /**lain**-idj/ é outra palavra que significa o número de linhas impressas numa folha de papel.

liquefy [liquefazer]

Observe o *e* antes de *-fy*.

liqueur, liquor

Liqueur refere-se a uma bebida alcoólica doce com diversos sabores, em geral tomada após as refeições. **Liquor** é qualquer bebida alcoólica. Lembre-se de que **liqueur** é pronunciada /li-**kyu:r**/, e **liquor** é pronunciada /**lik**-or/.

lit Ver **lighted**.

literally [literalmente]

Observe o *t* simples e o *l* duplo.

O falante cuidadoso só usa **literally** quando o que quer dizer é o que de fato aconteceu, como em: *They'd put superglue on the soles of his boots, so he was literally going nowhere* [Colocaram uma supercola na sola das botas dele, de modo que ele não estava, literalmente, indo a lugar nenhum]. Muitas pessoas usam **literally** na conversação apenas para dar ênfase a algo, mas isso pode levá-las a afirmar que as coisas mais ridículas ou impossíveis são uma verdade literal, como em:

✘ *Was I happy? I was literally over the moon! Couldn't believe it!*

[Se eu estava feliz? Eu estava literalmente na lua! Não dava para acreditar!]

literate [alfabetizado], **literature** [literatura]

Observe que, nas duas palavras, há apenas um *t* depois de *li-*.

livable, liveable [habitável, sociável]

As duas grafias são corretas.

llama Ver **lama**.

loan Ver **lend**.

loath [relutante, pouco inclinado a], **loathe** [odiar ou desgostar muito]

Cuidado para não confundir a grafia dessas palavras, que têm significados diferentes:

- **loath** é adjetivo e rima com *both*: *I was loath to criticize his work in case I undermined his confidence* [Eu estava pouco inclinado a criticar o trabalho dele se isso abalasse sua confiança]. Também pode ser grafado **loth**.
- **loathe** é verbo e rima com *clothe*: *From the contemptuous glances they exchanged anyone could see they loathed each other* [Pelos olhares de desprezo que eles trocaram, qualquer um podia ver que se odiavam].

loch, lough [lago, braço de mar]

Essas palavras têm o mesmo significado mas não são intersubstituíveis.

- **Loch** é usado na Escócia, como em *Loch Ness*.
- **Lough** é usado na Irlanda, como em *Lough Neagh*.

long Ver **lengthy**.

loose [frouxo, não apertado], **lose** [perder]

Não confunda a grafia dessas palavras:

- **loose**: *When the weather is hot, it is more comfortable to wear loose cotton clothing* [Quando está quente, é mais confortável usar roupas folgadas de algodao]. ▪ *Holly's front tooth is loose* [O dente da frente de Holly está mole].
- to **lose**: *This envelope has money in it; so be careful not to lose it* [Este envelope contém dinheiro; portanto, tenha cuidado para não perdê-lo].

lot [muito, uma porção de]

Evite usar as expressões informais **lots of** ou **a lot of** ao escrever formalmente. Use expressões como *a large/great number of* ou *many (of)*.

lough Ver **loch**.

lovable, loveable

As duas grafias são corretas, mas a forma sem *e* é mais comum.

luggage [bagagem]

Observe o *g* duplo. A forma americana dessa palavra é **baggage**.

luxuriant [luxuriante, exuberante, basto], **luxurious** [relativo ao luxo ou à riqueza, luxuoso]

- **luxuriant**: *The heavy rains have brought luxuriant vegetation to these normally arid islands* [As pesadas chuvas produziram uma exuberante vegetação nestas ilhas normalmente áridas]. ▪ *His luxuriant beard was red* [Sua basta barba era vermelha].
- **luxurious**: *It is one of the most luxurious health clubs in the country* [Trata-se de um dos mais luxuosos *spas* do país].

M

macaroni [macarrão]

Observe o *c*, o *r* e o *n* simples.

machete [machete, facão de mato]

Pronuncia-se /ma-**shet**-i/.

magic, magical

Essas duas palavras são usadas no sentido de "relativo à mágica, mágico", mas **magical** também significa "maravilhoso, encantador", como em: *Pack your bags, and prepare yourself for a magical holiday* [Faça as malas e se prepare para umas férias mágicas].

magnet [ímã], **magnate** [magnata]

Por vezes, essas palavras são pronunciadas da mesma maneira, o que gera confusão entre elas.

majority Ver **bulk**.

manage [gerenciar], **manageable** [gerenciável]

Observe que o *e* final de **manage** não é omitido no adjetivo **manageable**.

manageress [gerente (*fem.*)]

Como muitas outras palavras terminadas em *-ess*, esta é vista por muitos como anacrônica e de uso patriarcal. Use sempre **manager** para os dois gêneros.

manoeuvre [manobrar], **manoeuvring** [manobra], **manoeuvrable** [manobrável]

Essas palavras são frequentemente grafadas de forma errada, pois são de origem francesa. Tente memorizar o grupo *-oeuvr-* em todas elas. Observe que o *e* final de **manoeuvre** cai em **manoeuvring** e **manoeuvrable**.

manservant [empregado]

O plural é **menservants** (e não **manservants**).

masterful [autoritário, hábil, perito], **masterly** [primorosa, exemplar]

Essas palavras já foram sinônimas, mas hoje são usadas em contextos diferentes:

- **masterful**: *You're so strong and masterful!* [Você é tão forte e autoritário!].
- **masterly**: *This is a masterly collection of Beethoven symphonies* [Esta é uma primorosa coleção das sinfonias de Beethoven].

mathematics [matemática]

Apesar do *s* final, este é um substantivo singular que, portanto, leva o verbo para o singular, como em: *Mathematics is not my best subject* [Matemática não é minha matéria favorita].

mattress [colchão]

Grafia: cuidado com o *t* e o *s* duplos.

may Ver **can**.

me Ver **I**.

media [mídia]

Essa palavra é plural em todos os seus sentidos. Contudo, está sendo cada vez mais usada como substantivo singular, particularmente quando se pensa no mundo do jornalismo e nas transmissões radiofônicas e televisivas como um todo unificado. Em contextos formais, se estiver em dúvida, considere-a como plural:

✘ *The media is camped on his doorstep.*

✘ *The media has been camped on his doorstep for a week.*

✔ *The media are camped on his doorstep.*

[A mídia está acampada na porta dele.]

✔ *The media have been camped on his doorstep for a week.*

[A mídia está acampada na porta dele há uma semana.]

medicine [remédio]

Observe o *i* depois do *d*, que muitas vezes não é pronunciado. Ver também *-cine*.

medieval, mediaeval [medieval]

A grafia com *ae* é hoje considerada anacrônica, e a primeira versão é a mais comum. A pronúncia /med-**i:**-vâl/ é americana; a pronúncia britânica é /medi-**i:**-vâl/.

Mediterranean [Mediterrâneo]

Cuidado com o final *-ean*.

meet, meet with

Já houve uma clara diferença na forma como o inglês britânico e o americano empregavam essas palavras. Em inglês britânico, tradicionalmente **meet** implica encontrar uma pessoa, enquanto **meet with** significa ver-se diante de uma oposição, aprovação ou infortúnio. Em inglês americano, é correto usar **meet with** com relação a pessoas, como em: *We are going to meet with them on Friday to discuss it* [Vamos encontrá-los na sexta-feira para discutir o assunto]. Esse uso originalmente americano é hoje comum em inglês britânico, embora muitas pessoas ainda considerem ***with*** desnecessário e redundante.

memento [lembrança, recordação]

Existem dois plurais possíveis: **mementos** e **mementoes**.

memo [memorando]

O plural é **memos**.

memorandum [memorando]

O plural é **memoranda**.

mendacity [falsidade, mentira], **mendicity** [mendicância]

Cuidado para não confundir essas palavras, que, apesar da similaridade de escrita, têm sentidos diferentes.

- **mendacity**: *Politics became synonymous with lawlessness, mendacity and opportunism* [A política se tornou sinônimo de desrespeito à lei, falsidade e oportunismo].

meretricious [falso, vulgar, supérfluo], **meritorious** [merecedor de honraria ou recompensa]

- **meretricious**: *Products range from the truly estimable and inspired to the merely pretty and, sometimes, meretricious* [Os produtos vão dos realmente respeitáveis e inspirados aos apenas belos e, por vezes, supérfluos].
- **meritorious**: *His meritorious actions during the battle were duly acknowledged* [Suas ações meritórias durante a batalha foram devidamente reconhecidas].

meringue [merengue]

A pronúncia desse doce popular [/me-**réng**/] trai sua origem francesa. Cuidado com o *i* em posição medial.

messenger [mensageiro]

Cuidado com o grupo *-eng-*.

meteorology [meteorologia], **meteorological** [meteorológico]

Observe o segundo *e* nessas palavras, geralmente não pronunciado.

meter [medidor], **metre** [metro]

Cuidado para não confundir essas palavras:

- **meter** também é a grafia americana para **metro**.

might Ver **could**.

milage, mileage [milhagem]

As duas grafias são corretas, embora a segunda seja mais comum e mais fácil de ler.

militate [agir, militar], **mitigate** [diminuir, atenuar]

Militate é um verbo transitivo indireto, normalmente seguido de ***for*** *ou* ***against***. **Mitigate** é verbo transitivo direto e nunca pode ser usado com ***against***.

- **militate**: *He stands for the same male attitudes which militate against equality in the home* [Ele assume as mesmas atitudes machistas que militam contra a igualdade no lar].

- **mitigate** significa "tornar menos severo" ou "diminuir o mal de, atenuar", como em: *It would certainly be easier to mitigate the effects of such a drought if long-range forecasting could be made more effective* [Com certeza, seria mais fácil diminuir os efeitos de uma seca como essa se as transmissões de longo alcance fossem mais eficientes]. ■ *I may have been wrong to do it, but that in no way mitigates your own actions* [Posso ter errado em fazê-lo, mas isso, de forma alguma, atenua suas ações].

A expressão "**mitigate** against" é por vezes erroneamente usada quando se deveria usar "**militate** against":

✘ *This is certainly a problem which mitigates against the widest acceptance of the language.*

✔ *This is certainly a problem which militates against the widest acceptance of the language.*

[Este, com certeza, é um problema que milita contra a mais ampla aceitação da língua.]

millennium [milênio]

Grafia: observe o *l* e o *n* duplos. O plural pode ser **millennia** ou **millenniums**.

millionaire [milionário]

Grafia: observe o *l* duplo e o *n* simples.

miniature [miniatura]

Observe o *a*, que por vezes não é pronunciado.

minister [ministro], **ministry** [ministério]

O *e* de **minister** desaparece em **ministry**.

mischievous

Observe o grupo *-chie-* e o final *-vous*.
A pronúncia correta é /**mis**-tchiv-âs/.

mishit [golpe mal aplicado]

Pronuncia-se /mis-**hit**/ e escreve-se com *s* simples.

misrelated participle Ver **dangling participle**.

mistletoe [visco, visgo]
Observe o grupo medial *-stle-*. A pronúncia é /**mis**-il-tôu/.

misuse Ver **abuse**.

mitigate Ver **militate**.

Mixed metaphor [metáfora mista]

A metáfora é uma figura de linguagem em que uma coisa é descrita por meio de outra. O termo descritivo aplicado é figurado, e não literal. Em outras palavras, a metáfora é uma comparação indireta, como em: *In the Commons today, the Prime Minister came out with all guns blazing* [Hoje, na Câmara dos Comuns, o Primeiro-ministro saiu com todas as armas em punho]. **Mixed metaphor** é uma metáfora em que duas ou mais metáforas inconsistentes se combinam, como em: *He'll be sailing close to the wind if he doesn't cover his tracks* [Ele estará navegando contra o vento se não apagar suas pegadas]. Isso é considerado errado em termos de estilo, particularmente quando as metáforas combinadas produzem imagens ridículas ou incongruentes, como em: *There are concrete steps in the pipeline* [Foram dados passos concretos no oleoduto].

mnemonic [mnemônico]
Essa palavra significa "algo que age em favor da memória". O grupo *mne-* é pronunciado /ni-/.

moral [moral], **morale** [otimismo ou firmeza de propósito, moral (*masc.*)]
Cuidado para não confundir essas palavras:

- **moral** pode ser substantivo ou adjetivo.

- **morale** [pronúncia = /mor-**al**/]: *The team has won three games in a row and the player's morale is higher than ever* [O time ganhou três jogos seguidos, e o moral do jogador está mais elevado que nunca].

mortgage [hipoteca, hipotecar]
Cuidado com o *t* em posição medial.

Moslem Ver **Muslim**.

most Ver **bulk**.

motto [mote, lema]
Há dois plurais possíveis: **mottos** e **mottoes**.

movable, moveable [móvel, mutável]
As duas grafias são corretas.

mucus [muco], **mucous** [produtor de muco, mucoso]
- **mucus** é substantivo.
- **mucous** é adjetivo: *mucous membrane* [membrana mucosa].

Muhammad, Mohammed [Maomé]
As duas grafias do nome do profeta do Islã são corretas, mas a primeira é mais comum.

mumps [caxumba]
Essa palavra é sempre singular e, portanto, leva o verbo para o singular, como em: *Mumps is no longer one of the common childhood illnesses* [A caxumba não é mais uma das doenças comuns da infância].

murder [assassinato], **murderous** [mortífero]
O *e* é pronunciado em **murder**, mas pode ser omitido em **murderous**. Assim, cuidado ao escrever o adjetivo.

Muslim, Moslem, Islam
Lembre-se de que **Islam** é o nome da religião [Islã ou Islão] professada por um **Muslim** [muçulmano]. **Moslem** é uma variante de **Muslim**, porém menos comum.

mutual Ver **common**.

Myanmar [Miamar], **Burma** [Burma]

Em 1988, o governo militar de **Burma**, uma república do sudeste asiático, rebatizou o país de **Myanmar**. Contudo, **Burma** é o nome preferido pelos líderes do movimento em prol da democracia do país. O Reino Unido e os Estados Unidos usam o termo **Burma/Myanmar**. A principal língua do país ainda é chamada de **Burmese** [burmês], e esse termo continua a ser usado como adjetivo para descrever o povo ou a língua locais.

N

Native American [americano nativo]

Esse é o termo hoje preferido para se referir aos povos indígenas dos Estados Unidos, que antes eram chamados, em inglês, de ***Indians*** [índios]. **Native Canadian** é o termo preferido no Canadá. Em contraste, os povos indígenas da América do Sul são normalmente conhecidos, de forma coletiva, como **South American Indians** [índios sul-americanos].

naught [nada], **nought** [zero (algarismo)]

Em inglês moderno, essas palavras têm significados diferentes. **Naught**: *All his efforts came to naught* [Todos os seus esforços deram em nada].

necessary [necessário], **necessarily** [necessariamente], **necessity** [necessidade]

Lembre: *c* simples e *s* duplo em todas essas palavras.

need [precisar]

O verbo **need** pode ser auxiliar [ou seja, usado com outros verbos para indicar tempo, modo, voz, aspecto, etc.] ou não auxiliar.

Quando é usado como verbo transitivo, **need** se comporta como qualquer outro verbo não auxiliar: a negativa e a interrogativa são formadas com o verbo auxiliar ***do***, e o verbo que se segue a ele é precedido de ***to***, como em: *If he needs to contact us, he can use his mobile* [Se precisar nos contatar, ele pode usar o celular]. ▪ *You don't need to apologize* [Você não precisa se desculpar]. ▪ *We didn't need to take all this food* [Não precisávamos pegar toda esta comida]. ▪ *Didn't they need to ask you for help?* [Eles precisaram pedir socorro?].

Contudo, como verbo auxiliar, **need** é usado apenas no presente simples, sem *s* na terceira pessoa do singular [he/she/it]. Além disso, as formas negativa e interrogativa não precisam do auxiliar ***do***, como em: *Need we take all this food?* ▪ *You needn't apologize.*

Negation [negação]

Fique atento para evitar erros ou ambiguidade quando usar uma palavra negativa como *no* ou *not* num período.

- Se o período com duas orações tiver uma palavra negativa como *not* ou *no* que só se aplica a uma dessas orações, procure evitar que a palavra negativa inclua também a outra oração. Compare:

✘ *I don't think the explanation is very clear and needs to be reworded.*

(Aqui não fica claro se a pessoa acha ou não que a explicação precisa ser reformulada.)

✔ *I think the explanation isn't very clear and needs to be reworded.*

[Acho que a explicação não é muito clara e precisa ser reformulada.]

✔ *I don't think the explanation is very clear; it needs to be reworded.*

[Não acho que a explicação é muito clara; ela precisa ser reformulada.]

- Quando o período inclui *not* e *all* ou *every*, ele deve ser estruturado de tal forma que evite todo o tipo de ambiguidade. Considere este exemplo:

✘ *He said that all the houses in the street have not got a satellite dish.*

(Não fica claro se apenas algumas casas têm antena parabólica ou se nenhuma delas a possui.)
É preciso reformular o período para desfazer a ambiguidade:

✔ *He said that some of the houses in the street have a satellite dish.*

[Ele disse que algumas casas da rua não possuem antena parabólica.]

✔ *He said that not every house in the street has a satellite dish.*

[Ele disse que nem toda casa da rua possui antena parabólica.]

✔ *He said that none of the houses in the street has a satellite dish.*

[Ele disse que nenhuma casa da rua possui antena parabólica.]

➤ Ver também **double negatives**.

neither [nenhum, nem]

Observe os seguintes pontos a respeito do uso de **neither**.

- Como pronome, **neither** só deve ser usado quando se referir a uma de duas pessoas ou coisas, como em: *I asked Bob and Chris, but neither of them knows* [Perguntei a Bob e Chris, mas nenhum dos dois sabe]. Para mais de dois elementos, use ***none***, como em: *I asked all the people in the office, but none of them knows* [Perguntei a todas as pessoas do escritório, mas nenhuma delas sabe].
- **Neither** pode ser seguido por um verbo no singular ou no plural em inglês informal. Contudo, o uso de um verbo no plural é

considerado incorreto por alguns, devendo ser evitado em contextos formais, como em:

✗ *Neither of them like beer.*

✓ *Neither of them likes beer.*

[Nenhum dos dois gosta de cerveja.]

- **neither** deve estar sempre associado a ***nor*** [nunca a ***or***]. ***Neither*** e ***nor*** devem ser colocados o mais próximo possível da palavra (ou palavras) sendo contrastada, como em:

  ✗ *The police have neither found a witness nor a suspect.*

  ✓ *The police have found neither a witness nor a suspect.*

  [A polícia não encontrou nem testemunha nem suspeito.]

- Em comparações com **neither ... nor**, se o segundo sujeito for singular, use o verbo no singular, como em: *Neither the house he lives in nor the car he drives actually belongs to him* [Nem a casa em que ele mora nem o carro que ele dirige realmente pertence a ele]. Se o segundo sujeito for plural, use o verbo no plural, como em: *Neither Peter nor his sisters know anything about it* [Nem Pedro nem suas irmãs sabiam alguma coisa a respeito disso].

The Netherlands [Países Baixos], **Holland** [Holanda]

Embora não seja errado se referir ao país europeu como **Holland**, a forma preferida é **The Netherlands**.

nine [nove], **ninth** [nono]

Observe que o *e* de **nine** desaparece em **ninth**.

none [nenhum(a)]

Quando usado com substantivo incontável, **none** leva o verbo para o singular: *None of the furniture was damaged in the move* [Nenhuma peça da mobília foi danificada na mudança].
Quando usado com substantivo contável, **none** pode levar o verbo para o singular ou para o plural, dependendo de se considerar o grupo como um todo ou os elementos que o compõem: *None of us has ever been abroad* [Nenhum de nós já esteve no exterior]. ■ *I've*

been to a lot of parties, but none were as good as yours [Já estive em muitas festas, mas nenhuma tão boa quanto a sua].

notice [notar], **noticeable** [notável, perceptível]
O *e* do final de **notice** não desaparece em **noticeable**.

nought Ver **naught**.

nucleus [núcleo]
O plural é **nuclei**.

nuisance [aborrecimento]
Observe o grupo *-ui-* e o final *-ance*.

O

o

oasis [oásis]

O plural é **oases**.

obsolescent [que está ficando fora de moda, absolescente], **obsolete** [fora de uso, obsoleto]

Observe a pequena, porém importante, diferença de significado:

- **obsolescent**: *Some people think that faxes are obsolescent* [Algumas pessoas acham que o fax está ficando fora de moda].
- **obsolete**: *Surely it couldn't be long until DVDs made videos obsolete* [Com certeza, não podia demorar muito até que os DVDs tornassem os vídeos obsoletos].

occasion [ocasião], **occasional** [ocasional], **occasionally** [ocasionalmente]

Essas palavras são todas escritas com *c* duplo e *s* simples. Observe também o final *-ally* em **occasionally** (o grupo *-al-* é frequentemente omitido na pronúncia, mas o advérbio é formado a partir do adjetivo, e não do substantivo).

occupation [ocupação], **occupy** [ocupar]

Observe que essas palavras são escritas com *c* duplo e *p* simples.

occur [ocorrer], **occurrence** [ocorrência]

O *r* do final de **occur** é dobrado nas formas verbais **occurring** e **occurred**, bem como no substantivo **occurrence**. Observe também que o final deste último é *-ence* (e não *-ance*).

-oe-, -e-

Certas palavras com **-oe-** agora são escritas sem o **-o-**, especialmente em inglês americano. Observe que o inglês britânico geralmente usa **-oe-** em palavras como *amoeba* [ameba], *diarrhoea* [diarreia], *homoeopathic* [homeopático] e *oestrogen* [estrógeno], enquanto o inglês americano prefere *ameba*, *diarrhea*, *homeophathic* e *estrogen*.

of

Cuidado para não usar **of** em vez de **have** no passado, quando as palavras soarem de maneira similar. Esse é um erro típico de um falante nativo, mas os não nativos também podem se equivocar:

✗ *I could of been wrong. (could of = /ku:dv/)*

✓ *I could have been wrong. (could have = /ku:dv/)*

[Eu podia estar enganado.]

offend [ofender], offence, offense [ofensa], offensive [ofensivo]

Todas essas palavras são escritas com *f* duplo. O substantivo é grafado **offence** em inglês britânico, e **offense** em inglês americano O adjetivo **offensive** é grafado com *s* (e nunca com *c*).

official [oficial], officious [oficioso, intrometido]

Observe os diferentes significados:

- **official**: *It looks as though the world record has been broken, but we're still waiting for the official confirmation of the time* [Parece que o recorde mundial foi quebrado, mas ainda estamos esperando a confirmação oficial do tempo].
- **officious**: *All those councillors and their officious bureaucrats deserve to be humbled* [Todos aqueles conselheiros e seus burocratas oficiosos merecem ser humilhados].

older Ver elder.

omit [omitir], omission [omissão]

As duas palavras são escritas com *m* simples, e **omission** tem *s* duplo. O *t* do verbo **omit** é dobrado em formas como **omitting** e **omitted**.

one

Observe os seguintes pontos referentes ao uso de **one**.

- Quando **one** é usado como pronome pessoal (a gente, se), as únicas formas que podem ser associadas a ele são: ***one***, ***one's*** e ***oneself***, por exemplo:

  ✘ *He protested when the police arrested him, saying, 'One must be allowed to protect himself and his family!'*

  ✔ *He protested when the police arrested him, saying, 'One must be allowed to protect oneself and one's family!'*

  [Quando a polícia o prendeu, ele protestou, dizendo: "A gente deve ter o direito de proteger a si mesmo e a própria família."]

- Quando **one** é sujeito e numeral, o verbo fica no singular, como em: *One in three people owns their own house* [Uma em cada três pessoas possui casa própria].
- **One of** [um(a) de] leva o verbo da oração seguinte para o plural: *He's one of those people who live life to the full!* [Ele é uma dessas pessoas que vivem a vida intensamente].

one another Ver **each other**.

only

A regra que prescreve que **only** só deve ser usado imediatamente antes ou depois da palavra por ele enfatizada é raramente observada em inglês falado informal, pois a entonação do falante geralmente torna o significado fácil de compreender. Contudo, precisamos tomar cuidado em inglês formal, para não ofender os puristas ou tornar nossa intenção pouco clara. Os exemplos precedidos por ✔ são mais apropriados para os contextos formais:

✘ *They only speak Gaelic at home.*

✔ *They speak only Gaelic at home.*

[Ele só fala gaélico em casa.]

✘ *He only finds time to read when he is on holiday.*

✔ *He finds time to read only when he is on holiday.*

[Ele só encontra tempo para ler quando está de férias.]

opponent [oponente]

Grafado com *p* duplo e *n* simples.

opportunity [oportunidade], **opportunistic** [oportunista]

As duas palavras são escritas com *p* duplo.

opposite [oposto], **opposition** [oposição]

Os dois vocábulos são grafados com *p* duplo e *s* simples.

optimum [o melhor possível (subst.)]

Existem dois plurais para essa palavra: **optimums** e **optima**.

-or Ver **-er**.

oral Ver **aural**.

ordinance [ordem, decreto], **ordnance** [artilharia pesada, material bélico]

Não confunda essas palavras, que possuem significados diferentes:

- **ordinance**: *The king's ordinance must be obeyed* [A ordem do rei deve ser obedecida].

ordinary [comum]

Observe o *a*, em geral omitido na pronúncia. Note também que este é um falso cognato (palavras que apenas parecem significar a mesma coisa em duas línguas diferentes) e nunca deve ser traduzido por "ordinário".

ours [nosso (*pron. poss.*)]

Lembre-se de que **ours** nunca é seguido de apóstrofo.

outrage [ultraje], **outrageous** [ultrajante]

Observe que o *e* de **outrage** é conservado no adjetivo **outrageous**.

overrule [anular, indeferir]

Observe o *r* duplo, pois essa palavra é formada por *over* e *rule*. O mesmo vale para **overrate** (*over* e *rate*).

owing to Ver **because of**.

P

pajamas Ver **pyjamas**.

palate [palato], **palette** [paleta]

Essas palavras são por vezes confundidas.

panel [painel, revestir]

A consoante final é duplicada em inglês britânico nas formas verbais **panelling** e **panelled**. Em inglês americano, essas formas são grafadas com *l* simples: **paneling** e **paneled**.

panic [pânico, entrar em pânico]

Acrescenta-se um *k* nas formas verbais **panicking** e **panicked**.

paparazzi

Cuidado com a grafia dessa palavra italiana [*z* duplo], que é sempre usada no plural, com referência a fotógrafos que buscam flagrar celebridades. Quando se menciona um fotógrafo específico, a forma é **paparazzo**.

paraffin [parafina]

Observe o *r* simples e o *f* duplo.

paralell [paralelo, comparar]

Lembre-se do *l* duplo final, que se mantém nas formas verbais **paralelling** e **paralelled**.

paralyse [paralisar], **paralysed** [paralisado], **paralysis** [paralisia]

Observe o *r* simples, o *l* simples e o *y* (não *i*). **Paralyse** também pode ser grafado com *-ze*, que é a forma mais comum em inglês americano.

paraphernalia [parafernália]

Observe o grupo *ph* pronunciado *f*.

parcel [pacote, empacotar]

O *l* final é dobrado, em inglês britânico, nas formas verbais **parcelling** e **parcelled**. Em inglês americano, as formas normais são **parceling** e **parceled**.

parliament [parlamento], **parliamentary** [parlamentar]

Não esqueça o *i*, que em geral não é pronunciado nas duas palavras. Observe o final de **parliamentary**, grafado *-ary*.

partly [em parte, até certo ponto], **partially** [parcialmente, não completamente]

Essas palavras compartilham do sentido geral de "em parte, parcialmente", mas não são sinônimas. Fique atento para usá-las de maneira correta:

- **partly**: *The house is built partly in stone and partly in brick* [A casa é construída parte de pedra e parte de tijolo] ▪ *She's partly responsible for what happened* [Ela é em parte responsável pelo que aconteceu].
- **partially**: *The wall is only partially built* [A parede foi só parcialmente construída].

passed, past

Cuidado para não confundir o passado **passed** do verbo **pass** com o **past**, adjetivo/preposição/advérbio/substantivo.

✗ *I past him in the corridor.*

✔ *I passed him in the corridor.*

[Eu passei por ele no corredor.]

passer-by [passante, transeunte]

O plural é **passers-by**.

pathos Ver **bathos**.

patrol [patrulha, patrulhar]

A consoante final é duplicada nas formas verbais **patrolling** e **patrolled**.

peaceable [amante da paz, pacífico], **peaceful** [calmo, tranquilo, pacífico]

Esses dois adjetivos apresentam uma pequena diferença de significado:

- **peaceable** geralmente precede o substantivo e se refere a pessoas e seus temperamentos, ou a toda uma comunidade: *They were a peaceable people* [Eles eram um povo pacífico]. ▪ *He's the quiet, peaceable type not normally given to violent outbursts* [Ele é daquele tipo tranquilo e pacífico, que em geral não é dado a explosões violentas]. ▪ *Later we reached a walled but obviously peaceable town* [Depois chegamos a uma cidade murada, mas obviamente pacífica].
- **peaceful** pode vir antes ou depois do substantivo e se aplica a situações, cenas, atividades ou períodos de tempo: *a peaceful night's sleep* [uma tranquila noite de sono] ▪ *They are striving to achieve a peaceful settlement* [Eles estão se esforçando por conseguir um acordo pacífico]. ▪ *It was quiet and peaceful down by the river* [A margem do rio estava quieta e tranquila].

pedal [pedal, pedalar]

Em inglês britânico, a consoante final é duplicada nas formas verbais **pedalling** e **pedalled**. Em inglês americano, as formas usuais são **pedaling** e **pedaled**.

pendant, pendent [pendente]

As duas palavras podem ser usadas como adjetivos ou substantivos, embora **pendant** seja mais comum como substantivo, e **pendent**, como adjetivo.

peremptory [peremptório], **perfunctory** [descuidado, mecânico, indiferente]

Cuidado para não confundir essas palavras.

- **peremptory**: *The decisions have the same force as an order of the court although they are not peremptory* [As decisões têm a mesma força de uma ordem do tribunal, embora não sejam peremptórias]. ▪ *The voice on the telephone was sharp and peremptory, as if used to being obeyed without question* [A voz ao telefone era áspera e peremptória, como se estivesse acostumada a ser obedecida sem questionamento].

- **perfunctory**: *He gathered his few possessions together and left with only the most perfunctory of farewells* [Ele reuniu seus pertences e se retirou com a mais indiferente das despedidas].

perennial [perene]

Observe o *r* simples e o *n* duplo.

personnel [pessoal (*subst.*), equipe]

Observe o *r* simples e o *n* duplo.

pharaoh [faraó]

Fique atento ao *ph* (pronunciado *f*) inicial e ao *h* final.

phenomenon [fenômeno]

Observe o *ph* (pronunciado *f*) inicial e o *n* final.
O plural é **phenomena**. É um erro comum confundir as duas formas e usar **phenomena** como singular, o que pode levar ao plural **phenomenas**, inexistente.

phlegm [fleuma], **phlegmatic** [fleumático]

Observe que as duas palavras apresentam um *g* antes do *m*, embora esta última letra só seja pronunciada em **phlegmatic**. Em português, também temos as variantes "flegma" e "flegmático".

picnic [piquenique, fazer piquenique]

Lembre-se de que um *k* é acrescentado às formas verbais **picnicking** e **picnicked**.

pidgeon [pombo], **pidgin** [*pidgin*]

Fique atento à grafia correta.

piteous [que desperta piedade, que dá pena], **pitiable**, **pitiful** [lamentável, deplorável, que desperta piedade, muito ruim, muito pobre, que merece desprezo]

- **pitiful** e **pitiable** podem ser usados como sinônimos: *The old man was in a pitiable/pitiful condition* [O velho estava numa situação deplorável]. ▪ *That was a pitiful attempt at a smile!* [Essa foi uma deplorável tentativa de sorriso!]. ▪ *That was a pitiable attempt you made* [Sua tentativa foi lamentável]. A única diferença importante entre **pitiful** e **pitiable** é que **pitiful** é mais usada para a descrição de objetos inanimados.

- **piteous**: *The sobs were uncontrollable and she gave a long piteous cry* [Os soluços eram incontroláveis, e ela deu um longo grito que deu pena]. Observe, contudo, que **piteous** não pode ser usado no sentido de "que desperta ou merece desprezo":

  ✗ *That was a piteous attempt at a smile!*

plaid [manta de lã escocesa em xadrez]

Essa palavra tem duas pronúncias possíveis: /pléd/ ou /pleid/.

plead [pleitear, alegar]

Em inglês britânico, a forma do passado simples e do particípio passado desse verbo é **pleaded**. Contudo, em inglês americano e em algumas variantes regionais do inglês britânico, particularmente no inglês escocês, **pled** também é usado como passado simples.

plum [ameixa], **plumb** [consertar encanamento]

O *b* final faz toda a diferença entre essas duas palavras, que têm a mesma pronúncia: /plâm/.

- **plumb** se relaciona com **plumber** [encanador].

plus

Plus, em inglês informal, por vezes é usado com o sentido de "também, além disso", como em: *They just heard that they've won their court case, plus they had that lottery win recently, so they're over the moon* [Eles acabaram de saber que ganharam seu processo; além disso, receberam aquele prêmio da loteria recentemente, de modo que não cabem em si de felicidade].
Esse uso de **plus** deve ser evitado na fala ou na escrita formais.

pore [examinar cuidadosamente (*verbo*), poro (*subst.*)], **pour** [despejar, verter]

Não confunda a grafia dessas palavras:

- como verbo, **pore** (sempre usado com **over**): *He pored over the account books, trying to find the error amongst the endless columns of figures* [Ele examinou minuciosamente os livros de contabilidade, tentando descobrir o erro entre as intermináveis colunas de cifras].
- to **pour**: *Shall I pour the water?* [Posso despejar a água?]

  ✗ *She sat up drinking tea and pouring over her notes.*

portentous Ver **pretentious**.

Portuguese [português]

Atenção para o *e* final.

posthumous [póstumo]

A pronúncia é /**póst**-yu-mâs/. Não esqueça o *h* após o *t*.

pour Ver **pore**.

practicable [praticável], **practical** [sensato, eficiente, prático]

Existe uma ligeira diferença, embora importante, entre os sentidos dessas palavras:

- **practicable**: *We must come up with a plan that is both practicable and cost-efficient* [Devemos apresentar um plano que seja praticável e de custo acessível].
- **practical**: *a practical solution* [uma solução prática].

Assim, duas ações diferentes podem ser **practicable**, mas uma pode ser mais **practical** que a outra. Observe também que **practical** pode se referir a pessoas, mas **practicable** só se aplica a coisas, ideias, planos, sugestões, etc.

practice, practise [prática, praticar]

Em inglês britânico, a forma com *c* é o substantivo, e a com *s* é o verbo. Em inglês americano, **practise** é usada para o substantivo e o verbo.

pray [rezar, orar], **prey** [presa]

Essas palavras são pronunciadas da mesma forma: /prei/, o que exige cuidado com a grafia.

precede [preceder, anteceder]

Observe o final *-cede*.

➤ Ver também **proceed**.

precipitate [inquieto, apressado, precipitado], **precipitous** [muito íngreme]

O adjetivo **precipitous** é por vezes usado no sentido de "apressado, precipitado". Isso é considerado incorreto, e é melhor observar a distinção entre as duas palavras.

- **precipitate**: *It would not be wise to make precipitate and unilateral cuts to our armed forces* [Não seria prudente fazer cortes precipitados e unilaterais em nossas forças armadas].
- **precipitous**: *a precipitous route* [uma estrada íngreme] ▪ *The site is suitably romantic, on its precipitous hillside above the small village of Midford* [O local é convenientemente romântico, sobre a encosta íngreme da colina que se ergue acima da vila de Midford].

predecessor [predecessor]

Grafia: *c* simples, *s* duplo e final *-or*.

prefer [preferir], **preferable** [preferível], **preference** [preferência]

Observe que o *r* final de **prefer** não é dobrado no adjetivo **preferable** ou no substantivo **preference**. Contudo, dobra-se o *r* nas formas verbais **preferring** e **preferred**.

- Tanto **prefer** quanto **preferable** devem ser seguidos por ***to*** (e não ***than***):

  ✘ *I prefer coffee than tea.*

  ✔ *I prefer coffee to tea.*

  [Prefiro café a chá.]

  ✘ *Death would be preferable than the suffering she has had to endure.*

  ✔ *Death would be preferable to the suffering she has had to endure.*

[A morte seria preferível ao sofrimento que ela tem suportado.]

- **preferable** não deve ser precedido por ***more*** ou ***most***.

Prefix [prefixo]

O **prefixo** é um grupo de letras que não constitui uma palavra com sentido próprio, mas pode ser acrescentado ao início de outra palavra para modificar o sentido desta. Em inglês, de modo geral, as palavras formadas por meio de prefixos são escritas como um todo único, sem o uso do hífen. Assim, escreve-se *cooperate* [cooperar], *regroup* [reagrupar], *subhuman* [subumano] e *unable* [incapaz], e não *co-operate, re-group, sub-human* e *un-able*.

Contudo, quando a adição do prefixo pode criar ambiguidade, usa-se o hífen para deixar claro o sentido:

After ten years, they decided to re-form [e não reform] the band.
[Depois de dez anos, eles resolveram formar a banda novamente.]
I asked them to send someone to re-lay [e não relay] the carpet.
[Pedi que me mandassem alguém para tornar a colocar o carpete.]

De maneira similar, se a adição do prefixo provocar uma combinação de letras difícil de ler, é preciso usar o hífen.

✘ *sources of nonnuclear energy*

✔ *sources of non-nuclear energy*

[fontes de energia não nuclear]

Quando se acrescenta um prefixo a um substantivo composto hifenizado, deve-se usar o hífen entre o prefixo e a primeira palavra desse substantivo, como em: *his pre-university-lecturing days* [os dias anteriores a sua atuação didática na universidade].

O hífen também se faz necessário quando a primeira letra da palavra a que é acrescentado for maiúscula, como em: *anti-American protests* [protestos antiamericanos], *the pre-Christian era* [a era pré-cristã].

➤ Ver também **hyphen** [hífen].

prescribe [prescrever], **proscribe** [proibir, excluir, proscrever], **prescriptive** [prescritivo], **proscriptive** [proscritivo]

Os verbos **prescribe** e **proscribe**, e os adjetivos **prescriptive** e **proscriptive** são por vezes confundidos. Esse é um erro grave, pois se pode afirmar exatamente o contrário do que se pretende!

- To **prescribe**: *It gives the Secretary of State the power to prescribe which books should be studied in the classroom* [Isso dá ao Secretário de Estado o poder de prescrever que livros devem ser estudados na sala de aula]. ▪ *Her GP prescribed a course of antibiotics* [Seu clínico geral prescreveu uma bateria de antibióticos].
- To **proscribe**: *The predictions of economic theory are not sufficiently clear-cut to permit us to proscribe monopoly outright* [As previsões da teoria econômica não são suficientemente definidas para permitir que proscrevamos inteiramente o monopólio]. ▪ *This book was formerly proscribed by the church* [Este livro já foi proscrito pela igreja].

prescription [receita (médica)], **proscription** [proibição, proscrição]

Esses substantivos derivam de **prescribe** e **proscribe**, e não devem ser confundidos entre si.

- **prescription**: *The doctor gave me a prescription for painkillers* [O médico me deu uma receita de analgésicos].
- **proscription**: *The proscription of the Opposition party led to widespread unrest* [A proscrição do partido de oposição provocou uma agitação generalizada].

presume [presumir], **assume** [aceitar algo como verdade]

Essas palavras por vezes são usadas como se tivessem exatamente o mesmo sentido, mas existe uma distinção importante entre elas.

- to **presume**: *We had heard nothing for months, so we presumed he was dead* [Não ouvimos falar dele durante meses, assim presumimos que estivesse morto].
- to **assume**: *If we assume that he's dead, we'll have to do something to provide for his family* [Se aceitarmos o fato de que ele está morto, teremos que fazer algo para ajudar sua família].

pretentious [ostensivo, presunçoso, pretensioso], **portentous** [ostensivo, presunçoso, pretensioso, auspicioso, portentoso]

Essas palavras são sinônimas quando se aplicam a pessoas e à maneira como estas se expressam:

- **pretentious** é a mais comum das duas palavras: *He had adopted a pretentious/portentous tone suitable for expressing admiration for an outdated behaviour* [Ele adotara um tom pretensioso, próprio para expressar sua admiração por um comportamento antiquado].
- **portentous**: *The split reflected a portentous difference of approach within the Party* [O rompimento refletia uma portentosa diferença de abordagem dentro do Partido]. Nesse sentido, a palavra não é sinônima de **pretentious**.

prevaricate [tergiversar], **procrastinate** [procrastinar]

Cuidado para não confundir essas palavras.

- To **prevaricate**: *When he asked what I was going to do I knew that I would have to prevaricate or face problems* [Quando ele me perguntou o que eu ia fazer, eu sabia que teria que tergiversar ou enfrentar problemas]

- to **procrastinate**: *Don't procrastinate, make a start on each project as soon as possible* [Não procrastine; comece cada projeto assim que possível].

prey Ver **pray**.

principal [principal (*adj.*); diretor (*subst.*)], **principle** [princípios]

Não confunda a grafia dessas palavras, que têm sentidos diferentes.

- **principal**: *He gave as the principal reason for his resignation lack of cooperation from colleagues* [Ele alegou como principal causa de sua renúncia a falta de cooperação por parte dos colegas]. ▪ *I have an appointment with the Principal of the College* [Tenho um encontro com o diretor da faculdade].
- **principle**: *the principles of English Grammar* [os princípios da gramática inglesa] ▪ *I'm going to sacrifice my principles for money* [Vou sacrificar meus princípios em função do dinheiro].

prisoner [prisioneiro]

Não esqueça o *o*, que geralmente desaparece na fala.

privilege [privilégio], **privileged** [privilegiado]

Nenhuma das palavras tem *d* antes do *g*, apesar da pronúncia: /**pri**-vi-ledj/ e /**pri**-vi-ledjd/.

proceed

Observe o final *-ceed*.

Não confunda **proceed**, que significa "ir adiante, prosseguir", com **precede**, cujo sentido é "vir antes, preceder".

procrastinate Ver **prevaricate**.

profession [profissão], **professional** [profissional], **professor** [professor]

Grafia: *f* simples e *s* duplo. Observe o *e* antes de *-ss-* em todas as palavras.

program, programme [programa]

Em inglês americano, a grafia é **program** para todos os sentidos, enquanto em inglês britânico usa-se **programme** para todos os sentidos, exceto com relação à informática.

prone Ver **liable**.

pronounce [pronunciar], **pronunciation** [pronúncia]

Observe que **pronounce** tem *-ou-* após o primeiro *n*, mas o substantivo **pronunciation** perde o *o* antes do primeiro *n*.

prophecy [profecia], **prophesy** [profetizar]

Lembre-se de que **prophecy** é substantivo, e **prophesy** é verbo.

proscribe, proscriptive Ver **prescribe**.

proscription Ver **prescription**.

prostate [próstata], **prostrate** [prostrado]

Cuidado para não confundir essas palavras.

- **prostate** é substantivo.
- **prostrate** é adjetivo: *The exhausted marathon runner collapsed and lay prostrate on the ground* [O exausto maratonista desmaiou e ficou prostrado no chão].

  ✘ *The prostrate is a gland.*

  ✔ *The prostate is a gland.*

  [A próstata é uma glândula.]

prove [provar, confirmar], **provable** [que dá prova de, comprovável]

Observe que o *e* final de **prove** cai no adjetivo **provable**.

public [público (*subst.* e *adj.*)], **publicity** [publicidade]

Observe que o sufixo *-ly* (e não *-ally*) é acrescentado a **public** para formar o advérbio **publicly**.

purposefully [com propósito ou intenção, decididamente], **purposely** [de propósito, intencionalmente]

Essas palavras costumam ser confundidas.

- **purposefully**: *He strode purposefully into his boss's office, clearly determined to settle the question of his long-overdue promotion* [Ele entrou decididamente no escritório do chefe, determinado a resolver o problema, há muito postergado, de sua promoção].

- **purposely**: *They purposely misled us* [Eles nos enganaram de propósito].

pyjamas, pajamas [pijama]

A primeira grafia é a do inglês britânico, e a segunda, do inglês americano.

pyramid [pirâmide]

Observe o *y*.

Q

quarrel [brigar]

O *l* final é dobrado, em inglês britânico, nas formas verbais **quarrelling** e **quarrelled**. Em inglês americano, essas formas são geralmente grafadas **quarreling** e **quarreled**.

questionnaire [questionário]

Grafia: observe o *n* duplo e o *e* final.

A primeira sílaba pode ser pronunciada /kwest-/ ou, de modo menos comum, /kest/.

queue [fila (*subst.*), ficar na fila (*verbo*)]

Cuidado com a grafia dessa palavra, só usada em inglês britânico e pronunciada /kiu:/. Em inglês americano, as formas correspondentes são **line** e **stay in line**.

quiet [tranquilo, tranquilidade, acalmar], **quite** [completamente, totalmente, um tanto, superficialmente]

Ao escrever essas palavras, cuidado com a grafia, frequentemente confundida.

- **quiet**: *a quiet word* [uma palavra tranquila] ■ *They lived in a quiet backwater away from the city* [Eles moravam num lugar atrasado e tranquilo, distante da cidade]. Também pode ser usada como substantivo: *peace and quiet* [paz e tranquilidade]; ou como verbo: *She tried to quiet her thudding heart* [Ela tentou acalmar seu coração disparado].
- **quite**: *The law relating to that matter is quite complex* [A lei relacionada a essa questão é completamente/um tanto complexa].

➤ Ver também **quite**.

quit [sair, largar, parar de]

O *t* é dobrado nas formas verbais **quitting** e **quitted**. A forma **quit**, usada pelo inglês americano para o passado simples e o particípio passado, agora também é comum em inglês britânico, como em: *She quit her job* [Ela saiu de seu emprego]. ■ *He's quit smoking* [Ele parou de fumar].

quite [completamente, razoavelmente]

Cuidado com **quite** quando estiver escrevendo em inglês. Observe que em construções como *I'm quite warm now* o sentido pode ser *I'm completely warm now* [Agora estou completamente aquecido] ou *I'm fairly warm now* [Agora estou razoavelmente aquecido]. É claro que, na língua falada, a entonação e o contexto podem ajudar a esclarecer o sentido, mas, ao escrever, é melhor usar outra palavra mais precisa.

R

race [raça]

Ao se referir à raça de uma pessoa, tenha o cuidado de não usar expressões que possam ofendê-la. Aqui vão alguns lembretes para isso:

- Não generalize, usando, por exemplo, ***black*** para descrever qualquer pessoa que não seja branca.
- ***Non-white*** pode parecer um termo útil, mas também abrange muitas pessoas bastante diferentes entre si. Não é aconselhável definir as pessoas pelo que elas não são.
- ***Immigrants*** refere-se a pessoas nascidas em determinado país e que passam a viver em outro. Alguém que nasceu no país em que vive não pode ser chamado de ***immigrant***.

➤ Ver também **Afro-Caribbean**, **British Asian**.

racialism, racism [racismo]

Toda diferença de significado entre essas duas palavras já desapareceu. Elas são intercambiáveis, embora **racism** seja mais comum.

racked [atormentado]

É erro comum usar a grafia com *-w-* nas poucas expressões fixas em que esse termo é usado.

✗ *He was wracked by doubts.*

✓ *He was racked by doubts.*

[Ele estava atormentado pelas dúvidas.]

✗ *The poor in this country are often disease-wracked.*

✓ *The poor in this country are often diseased-racked.*

[Os pobres deste país são frequentemente atormentados pela doença.]

ratable, rateable [avaliável, calculável]

As duas grafias são corretas, mas a forma com *e* é mais fácil de identificar (ela provém de *rate*).

raze [demolir completamente, arrasar]

Cuidado para não confundir essa palavra com o verbo **raise** [erguer, levantar].

really [realmente]

Esse advérbio é obtido pelo acréscimo de *-ly* ao adjetivo *real*, cujo *l* é dobrado.

reason [razão]

A regra tradicional diz que esse substantivo deve sempre ser seguido por ***that***, e não por ***why*** ou ***because***. Contudo, hoje ***why*** e ***because*** são tão usados na fala diária (mas não em contextos formais) que essas construções passaram a ser aceitas.

✔ *The reason that he objected was that he felt he was not being treated fairly.*

✔ *The reason why he objected was that he felt he was not being treated fairly.*

✔ *The reason why he objected was because he felt he was not being treated fairly.*

[A razão de ele ter protestado foi que ele sentia que não estava sendo tratado com justiça.]

rebel [rebelde (*subst.*), rebelar-se], **rebellion** [rebelião], **rebellious** [rebelde (*adj.*)]

Observe que o *l* final de **rebel** é dobrado em **rebellion** e **rebellious**, bem como nas formas verbais **rebelling** e **rebelled**.

recede [retroceder, retirar-se de]

Observe que essa palavra é grafada com *-cede* (e não *-sede*).

receipt [recibo]

Embora a essa palavra se possa aplicar a regra do "*i* antes de *e* exceto depois de *c*", sua grafia pode provocar dúvida, devido ao *p* não pronunciado.

recognize, recognise [reconhecer]
As duas grafias são corretas em inglês britânico. Em inglês americano, prefere-se a forma com *z*. Não esqueça o *g*, que por vezes não é pronunciado.

recommend [recomendar], **recommendation** [recomendação]
Cuidado com a grafia: *c* simples e *m* duplo.

reconnaissance [reconhecimento]
Observe o *c* simples, o *n* e o *s* duplos.

reconnoitre, reconnoiter [reconhecimento, reconhecer]
A primeira forma é a do inglês britânico; a segunda, do inglês americano. Observe o *n* duplo e a sequência *-o-i-t-*.

recur [recorrer], **recurrence** [recorrência], **recurrent** [recorrente]
O *r* final de **recur** é duplicado em **recurrence** e **recurrent**, bem como nas formas verbais **recurring** e **recurred**. Observe também os finais *-ence* (e não *-ance*) e *-ent* (e não *-ant*).

redundant [redundante], **redundancy** [redundância]
Observe os finais *-ant* (e não *-ent*) e *-ancy* (e não *-ency*).

refer [referir-se], **referral** [remessa], **referee** [árbitro, juiz]
A consoante final de **refer** é dobrada em **referral** e nas formas verbais **referring** e **referred**, mas *não* em **referee**.

referable, referrable [referível, aplicável]
As duas formas são corretas.

referendum [referendo]
O plural pode ser **referenda** ou **referendums**.

refrigerator [refrigerador, geladeira]
Em inglês britânico informal, é mais comum a forma ***fridge***.

refute [refutar], **repudiate** [repudiar], **deny** [negar]
Essas palavras não são sinônimas, apesar do emprego muito comum (embora errôneo) de **refute** no sentido de "negar enfaticamente", como em: *The minister refutes any suggestion of wrongdoing* [O ministro nega toda insinuação de mau procedimento].

- to **refute**: *The documentary evidence will refute any suggestion of wrongdoing on the part of the minister* [As provas documentais refutarão todas as insinuações de mau procedimento por parte do ministro].
- to **repudiate**: *The minister repudiates the charge that he has been guilty of wrongdoing* [O ministro repudia a acusação de que seja culpado de mau procedimento].
- to **deny**: *The minister denies that there has been any wrongdoing* [O ministro nega que tenha havido qualquer mau procedimento].

regardless [descuidado, negligente, insignificante]

A palavra ***irregardless*** não existe, embora muitas vezes seja usada com o sentido de **regardless**.

remittance [remessa], **remission** [remissão]

Não confunda essas palavras, que derivam de **remit** [enviar, comutar, alívio].

- **remittance**: *Thank you for your remittance in settlement of our July invoice* [Obrigado por sua remessa referente à nossa fatura de julho].
- **remission**: *The reason for the remissions experienced by certain patients is not fully understood* [O motivo das remissões experimentadas por alguns pacientes ainda não é totalmente compreendido].

restaurant [restaurante]

Cuidado com a grafia dessa palavra de origem francesa, cuja segunda sílaba é frequentemente abreviada na fala. Observe que a pessoa que dirige um restaurante é um ***restaurateur***, e não um ***restauranteur***. A palavra inglesa que corresponde ao português "restaurador" é ***restorer***.

review [resenha], **revue** [peça de teatro de revista]

Não confunda a grafia dessa palavras, que possuem sentidos diferentes.

rheumatism [reumatismo]

Grafia: cuidado com a sequência *rheu-*.

rhododendron [rododendro]

Grafia: cuidado com o *rh* e o segundo *o*.
Há dois plurais possíveis para essa palavra: **rhododendrons** e **rhododendra**.

rhyme [rima], **rhythm** [ritmo]

Grafia: cuidado com a sequência *rhy-* nas duas palavras.

ridiculous [ridículo]

Com frequência, o primeiro *i* dessa palavra é pronunciado /e/, o que pode levar à grafia com *re-*.

righteous [justo, correto, honrado]

Observe o *e* antes do grupo *-ous*.

rigour, rigor [rigor], **rigorous** [rigoroso]

Em inglês britânico, a forma do substantivo é **rigour**; seu equivalente em inglês americano é **rigor**. O adjetivo **rigorous** é grafado da mesma forma nas duas principais variantes do inglês.

ring [tocar, soar]

Cuidado para não confundir estas formas do verbo:

- **rang** é o passado simples, como em: *Ashook rang the bell* [Ashook tocou o sino].
- **rung** é o particípio passado, como em: *Ashook had already rung the bell* [Ashook já tinha tocado o sino].

rivet [prender a atenção], **riveting** [que prende a atenção, instigante]

Observe que o *t* final de **rivet** não é dobrado nas formas verbais **riveting** e **riveted**, como em: *Just the kind of information that makes this book such a riveting read!* [Exatamente o tipo de informação que torna tão instigante a leitura deste livro!].

rostrum [tribuna, púlpito, rostro]

Existem dois plurais possíveis: **rostrums** e (mais raro) **rostra**.

rung Ver **ring**.

S

sacrilege [sacrilégio], **sacrilegious** [sacrílego]

Cuidado para não confundir essas palavras, pois o substantivo português "sacrilégio" é mais semelhante ao adjetivo inglês **sacrilegious**.

sailer [veleiro], **sailor** [marinheiro]

Cuidado para não confundir essas palavras, cujos sentidos são diferentes:

- **sailer**: *This boat is built for cruising rather than racing and so isn't a very fast sailer* [Este barco foi construído para viagens e não para corridas, portanto não é um veleiro muito rápido].
- **sailor**: *She's married to a sailor* [Ela é casada com um marinheiro]. ▪ *He's not a good sailor. He gets very seasick* [Ele não é bom marinheiro. Ele fica muito mareado].

salable, saleable [vendável, vendível]

As duas grafias são corretas, mas a segunda é mais comum.

satellite [satélite]

Cuidado com o *l* duplo.

satiable [saciável]

A pronúncia é /**sei**-shâ-bl/, mas observe que o final é grafado *-iable*.

scales [balança]

Esse substantivo é sempre plural; assim, tome cuidado com a concordância verbal, como em: *These scales* ***are*** *not very accurate* [Esta balança não é muito precisa].

scarcely Ver **barely**.

scarf [cachecol, echarpe]

Há dois plurais possíveis: **scarfs** ou **scarves**.

sceptic, skeptic [cético]

A primeira grafia é a do inglês britânico; a segunda, do inglês americano.

schedule [horário]

Em inglês britânico, a pronúncia é /**shed**-yu:l/; o inglês americano usa /**sked**-yu:l/. Contudo, a pronúncia americana está sendo cada vez mais adotada pelo inglês britânico.

scissors [tesoura]

Esse substantivo é sempre plural; assim, cuidado com a concordância verbal correta, como em: *The kitchen scissors are in that drawer* [A tesoura da cozinha está naquela gaveta].

Scotch, Scottish, Scots [escocês]

Use essas palavras com cuidado, para não melindrar os habitantes da Escócia.

- **Scotch** atualmente só se usa com referência ao uísque produzido na Escócia, ou a certos alimentos, como *Scotch broth* [ensopado escocês] e *Scotch eggs* [ovos à escocesa]. Não use essa palavra para se referir ao habitante da Escócia ou à língua falada nesse país.
- **Scottish** é a palavra mais empregada para nos referirmos às pessoas e às coisas da Escócia, como em: *Scottish beef* [carne escocesa] ▪ *a Scottish accent* [um sotaque escocês] ▪ *You're Scottish, aren't you?* [Você é escocês, não?].
- **Scots** é geralmente usada com referência a uma variedade do inglês falada no norte da Escócia, como em: *Scots dictionary* [dicionário de inglês escocês]. Também podemos usá-la como adjetivo, com o mesmo sentido de "Scottish", bem como com referência à moeda, a medidas e leis da Escócia, como em: *Scots law* [a lei escocesa]. Ainda é possível referir-se ao nativo da Escócia como **Scot**: *He was proud to be a Scot* [Ele tinha orgulho de ser escocês].

➤ Ver também **English**.

scurrilous [obsceno, chulo]

Grafia: observe o *r* duplo, o *l* simples e o final *-ous*.

-se Ver **-ce**.

seasonal [sazonal, periódico], **seasonable** [apropriado à estação, oportuno]

- **seasonal**: *She loved to observe the seasonal changes in the trees behind the house* [Ela adorava observar as mudanças sazonais nas árvores atrás da casa].
- **seasonable**: *A little snow at Christmas is perfectly seasonable* [Um pouco de neve no Natal é perfeitamente apropriado à estação].

secateurs [tesoura para podar]

Cuidado como o final *-eurs*. Esse é um substantivo plural; cuidado com a concordância verbal, como em: *The secateurs have been sharpened* [A tesoura para podar foi afiada].

-sede Ver **-cede**.

seek [procurar, tentar]

O passado simples e o particípio passado apresentam a mesma forma: **sought**, como em: *He sought to pacify the angry demonstrators* [Ele tentou pacificar os exaltados manifestantes].

semicolon [ponto e vírgula] Ver quadro ao lado.

sensual [sensual], **sensuous** [sensível, sensorial]

Observe a diferença de significado entre essas palavras.

- **sensual**: *a sensual mouth* [uma boca sensual] ▪ *Even the way she turned her head, in that slow deliberate fashion, was sensual* [Até a maneira como ela virava a cabeça, daquele jeito deliberadamente lento, era sensual].
- **sensuous**

separate [separar], **separable** [separável]

Grafia: cuidado com o grupo *-par-* (e não *-per-*) nas duas palavras.

sergeant [sargento]

serial [seriado, novela], **series** [série, sequência]

Cuidado para não confundir essas palavras.

Semicolon [o ponto e vírgula]

O ponto e vírgula tem duas funções principais: unir duas orações coordenadas assindéticas e estabelecer uma enumeração.

1. O ponto e vírgula pode substituir a vírgula ou um conectivo (como "porque") quando **une duas orações coordenadas assindéticas**. Lembre-se dos seguintes pontos:

- Se o ponto e vírgula é usado, em geral não existe o conectivo.
- O ponto e vírgula **equilibra** ou **contrasta** o que é dito em uma oração e o que se diz na seguinte.

Eis alguns exemplos do uso do ponto e vírgula unindo orações:

A crocodile is a reptile; a whale is a mammal.
[O crocodilo é um réptil; a baleia é um mamífero.]

There is no more to be said; the matter is closed.
[Não há mais nada a ser dito; o assunto está encerrado.]

Não use o ponto e vírgula quando a segunda parte do período não possui significado próprio. Veja estes exemplos:

✘ *I wasn't worried; even when the other team scored.*

✔ *I wasn't worried, even when the other team scored.*

[Eu não fiquei preocupado nem quando o outro time marcou ponto.]

✗ *She had achieved that rarest of sporting achievements; a hole in one.*

✔ *She had achieved that rarest of sporting achievements: a hole in one.*

[Ela havia realizado aquele raríssimo feito esportivo: acertar o buraco com uma só tacada.]

Em geral, quando as orações são unidas por conectivo, o sinal de pontuação a ser usado é a vírgula, e não o ponto e vírgula. Contudo, certos conectivos com a função de explicar como uma argumentação está em progresso são precedidos por ponto e vírgula (ou, evidentemente, pelo ponto-final). Entre esses conectivos estão: *however* [contudo], *hence* [daí], *thus* [assim], *therefore* [portanto], *meanwhile* [neste ínterim, entrementes], *also* [além disso], *consequently* [consequentemente] e *nevertheless* [não obstante]. Por exemplo:

She was standing right in front of him; however, he couldn't see her.
[Ela estava em pé na frente dele; contudo, ele não conseguiu vê-la.]

The goods were not delivered on the date specified; therefore, we have cancelled the order.
[As mercadorias não foram entregues na data especificada; portanto, cancelamos o pedido.]

2. Numa listagem complexa, o uso da vírgula pode não deixar claro onde se faz a divisão entre os itens. O ponto e vírgula é útil para esse esclarecimento, assim permitindo que o leitor faça a devida pausa em sua leitura. Veja este exemplo:

There was an alpine garden of saxifrages, semper -vivum and sedum; a herbaceous border of hostas, aquilegias and delphiniums; and at the far end a wall of fuchsia and rhododendrons.
[Havia um jardim alpino com saxifragáceos, sempre-vivas e erva-pinheiro; uma sebe divisória de hostas, aquileias e delfínios; e, no fundo, uma parede de fúcsias e rododendros.]

➤ Ver também **colon** e **colon ou semicolon**.

Em inglês americano, a novela de televisão é chamada de ***soap opera***, ou apenas ***soap***.

sew Ver **sow**.

sexism [sexismo, machismo]

É importante evitar o uso de expressões que possam reforçar os estereótipos sexuais. Essa é a atitude que hoje chamamos de politicamente correta. Eis alguns pontos a serem lembrados:

- Como em português, em inglês referimo-nos aos indivíduos, quando não são especificados, usando o masculino, como em: *Each householder is expected to keep <u>his</u> garden tidy* [Cada locatário deve manter seu jardim em ordem]. Atualmente, nesse caso, prefere-se usar um possessivo plural: *Each householder is expected to keep <u>their</u> garden tidy.*
- Evite usar ***man*** [o homem] ou ***mankind*** [a humanidade] para se referir à raça humana como um todo. Prefira ***humanity***, ***humankind*** [humanidade] ou ***people*** [as pessoas].
- Tente tratar homens e mulheres da mesma forma. Por exemplo, diga ***husband and wife*** [marido e esposa], em vez de ***man and wife*** [homem e esposa].

- Use termos neutros para se referir a profissões, cargos, autoridades, etc. Use ***spokesperson*** [porta-voz] ou ***representative*** [representante], em vez de ***spokesman***. Use ***actor*** e ***manager*** para ambos os sexos, em vez de ***actress*** *ou* ***manageress*** para as mulheres.

Shakespearean, Shakesperian [shakespeariano]

As duas grafias são corretas, mas a primeira é mais comum.

shall, will

Em contextos informais do dia a dia, a distinção entre esses dois auxiliares de futuro é muitas vezes ignorada. Contudo, na fala ou escrita mais formais, devemos seguir as regras básicas referentes ao uso de **shall** e **will**:

- Com o futuro simples e nos casos de oferta ou sugestão, use **shall** para a primeira pessoa, e **will** para a segunda e a terceira pessoas, como em: *I shall arrive tomorrow morning* [Chegarei amanhã cedo]. ▪ *Shall we go home tomorrow?* [Vamos para casa amanhã?]. ▪ *You will be in Paris by six o'clock* [Você estará em Paris por volta das seis horas]. ▪ *Will they meet us at the airport?* [Eles vão nos esperar no aeroporto?].
- Quando falar sobre o futuro expressando, ao mesmo tempo, permissão, determinação, compulsão, etc., use **will** para a primeira pessoa e **shall** para a segunda e a terceira pessoas, como em: *I will not do it!* [Não farei isso!]. ▪ *We will be there, don't worry* [Nós estaremos lá, não se preocupe]. ▪ *You shall help to tidy up, whether you like it or not!* [Você vai ajudar a arrumar tudo, goste ou não goste!]. ▪ *They shall not pass!* [Eles não passarão!].

shampoo [xampu, usar xampu]

O plural desse substantivo e a terceira pessoa do singular do presente do verbo têm a mesma forma: **shampoos**. O particípio presente é **shampooing**, e o passado simples/particípio passado é **shampooed**.

sheath [bainha, invólucro], **sheathe** [embainhar, revestir]

A forma sem o e final é o substantivo, sendo pronunciada /shi:th/. A forma com o *e* final é o verbo, e é pronunciada /shi:dh/. Observe que, quando *-ing* e *-ed* são acrescentados ao verbo, o *e* final é omitido.

shed [espalhar, derrubar, deixar cair]

O passado simples e o particípio passado desse verbo têm a mesma forma: **shed** (e não *shedded*), como em: *The trees had shed their leaves* [As árvores tinham deixado cair suas folhas].

sheik, sheikh [xeique]

As duas grafias são corretas.

shield [escudo, abrigar]

Essa palavra segue a regra do "*i* antes de *e* exceto depois de *c*".

shrink [encolher, diminuir]

- O passado simples deste verbo é **shrank**, como em: *The economy shrank by 2.4 per cent last year* [A economia encolheu 2,4 por cento no ano passado]. ▪ *She shrank back in her seat* [Ela se encolheu em seu lugar].
- O particípio passado é **shrunk**, como em: *The sweater has shrunk in the wash* [O suéter encolheu com a lavagem]. ▪ *After centuries of war and plague, the population had shrunk* [Depois de séculos de guerra e pestes, a população havia diminuído].

shyer, shier [mais tímido], **shyest, shiest** [o mais tímido]

O comparativo de superioridade e o superlativo do adjetivo **shy** podem ser grafados com *y* ou com *i*.

silhouette [silhueta]

Cuidado com o *t* duplo.

silicon [silício], **silicone** [silicone]

O *e* final estabelece uma importante diferença entre essas duas palavras.

sing [cantar]

Cuidado para não confundir estas formas do verbo:

- **sang** é o passado simples, como em: *The bar had karaokê and everybody sang* [O bar tinha karaokê e todo o mundo cantou].

- **sung** é o particípio passado, como em: *We got tired of the karaokê after everybody had sung twice* [Enjoamos do karaokê depois que todo o mundo já tinha cantado duas vezes].

sink [afundar]

O passado simples do verbo é **sank**, e o particípio passado é **sunk** (que se transforma em **sunken** quando usado como adjetivo).

-sion Ver **-tion**.

sizable, sizeable [bastante grande, de bom tamanho]

As duas grafias são corretas.

ski [esqui, esquiar]

Como essa palavra termina em *i*, alguns ficam na dúvida quanto à grafia do plural e das formas verbais. O substantivo plural e a terceira pessoa do singular do presente são grafados **skis**. O particípio presente é **skiing**. O passado e o particípio passado podem ser grafados **skied** ou **ski'd**.

skilful, skillful [habilidoso]

A primeira grafia é empregada pelo inglês britânico, e a segunda, pelo inglês americano.

slander Ver **libel**.

Slovakia [Eslováquia]

Desde o desmembramento da Tchecoslováquia em 1992, a Eslováquia se tornou uma república independente, e o termo ***Czechoslovakia*** só pode ser empregado em contextos históricos.

➤ Ver **Czech Republic**.

slyer, slier [mais matreiro, mais irônico], **slyest, sliest** [o mais matreiro, o mais irônico]

O comparativo de superioridade e o superlativo do adjetivo **sly** podem ser grafados com *y* ou com *i*.

smooth [liso, alisar]

A grafia do adjetivo e do verbo é a mesma. Não é correto acrescentar um *e* ao final do verbo.

somersault [salto mortal]

Observe o *o* e o grupo *-au-*.

soprano [soprano (*mus.*)]

O plural é **sopranos**.

sort of [espécie de, tipo de]

Em inglês informal, a estrutura "***these/those*** + **sort of** + substantivo plural" é comumente usada, como em: *These sort of mobile phones are very out of date* [Este tipo de celular está muito fora de moda]. ▪ *Those sort of things are bound to happen occasionally* [Esse tipo de coisa pode acontecer ocasionalmente]. Apesar de sua frequência, essa estrutura contraria a gramática e, portanto, deve ser evitada em inglês formal e escrito. Use a estrutura "substantivo plural + ***of this/that sort***", ou "***this/that*** + **sort of** + substantivo singular", como em: *Mobile phones of this sort are very out of date.* ▪ *That sort of thing is bound to happen occasionally.*

sow [plantar sementes, semear], **sew** [trabalhar com agulha e fio, costurar]

Cuidado para não confundir essas duas palavras em que apenas uma letra estabelece a diferença de sentido.

speciality, specialty [especialidade]

O sentido mais comum dessas palavras é o mesmo, como em: *Fish dishes are our chef's speciality/specialty* [Os pratos com peixe são a especialidade de nosso *chef*]. A diferença é que **speciality** é mais comum em inglês britânico, sendo **specialty** mais comum em inglês americano.

specially [especialmente, propositalmente], **especially** [especialmente, particularmente]

Como as duas compartilham da noção de algo especial, essas palavras às vezes são confundidas.

- **specially**: *She has driven up from London especially to meet my parents* [Ela veio de carro de Londres especialmente para visitar meus pais]. ▪ *I made this cherry cake especially for you* [Fiz este bolo de cereja especialmente para você].

- **especially**: *She was especially late that day* [Ela estava particularmente atrasada naquele dia]. ▪ *I like drawing and painting, especially portraits* [Gosto de desenhar e pintar, particularmente retratos].

Não use especially em vez de specially:

✗ *She has driven up from London especially to meet my parents.*

species [espécie]

O plural é **species**.

spectrum [espectro]

Há dois plurais possíveis: **spectra** ou **spectrums**.

spin [girar]

Esse verbo tem a forma **spun** para o passado simples e o particípio passado. Observe que o *n* é duplicado no particípio presente **spinning**.

spit [cuspir]

Em inglês britânico, o passado simples e o particípio passado têm a mesma forma: **spat**. Em inglês americano as três formas do verbo se mantêm **spit**, como em: *The guy sneered at me and spit on the floor* [O cara me olhou feio e cuspiu no chão].

split [partir; dividir]

As três formas desse verbo se mantêm **split**. Observe que o *t* é duplicado no particípio presente **splitting**.

split infinitive [infinitivo divisível] Ver quadro ao lado.

splitting words at the end of a line [divisão de palavras no final de linha] Ver quadro na página 181.

spoonful [colherada]

O plural é **spoonfuls**.

squalor [esqualidez, imundície]

Observe que não existe um *u* depois do *o*, como na grafia britânica de outras palavras semelhantes: *colour*, *parlour*, etc.

Split infinitive [infinitivo divisível]

Em inglês o infinitivo é formado pela palavra "*to*" e a forma básica do verbo, como em: *to see* [ver]. Assim, o infinitivo é divisível quando uma palavra, em geral um advérbio, é inserido entre o "*to*" e o verbo, como em: *He wanted to quickly clear up any misunderstanding* [Ele quis esclarecer rapidamente qualquer mal-entendido]. ■ *They expect us to meekly accept every increase, no matter how great* [Eles esperam que aceitemos pacificamente todos os aumentos, por maiores que sejam].

Alguns tradicionalistas argumentam que isso vai contra a gramática e deveria ser evitado. Contudo, essa "regra" tradicionalista foi emprestada da gramática latina no século XIX; nessa gramática, o infinitivo divisível não é possível (a estrutura "*to*" + forma verbal não existe em latim), e, portanto, a regra não deveria ser aplicada ao inglês.

Se você achar que deve evitar um infinitivo divisível (por razões de estilo, por exemplo), geralmente é possível reescrever a frase, ou trocar o verbo, de modo que o advérbio se torne supérfluo. Mas tome cuidado: o deslocamento do advérbio pode mudar a ênfase, o ritmo ou até o sentido, e o resultado pode não ser inteiramente satisfatório. Compare as frases a seguir, das quais a primeira talvez seja o exemplo mais famoso de infinitivo divisível (ela abria a famosa série televisiva de ficção científica *Star Treck*).

To boldly go where no man has gone before.
[Audaciosamente ir aonde nenhum homem jamais foi.]

To go boldly where no man has been before.
[Ir audaciosamente aonde nenhum homem jamais foi.]

Boldly to go where no man has been before.
[Audaciosamente ir aonde nenhum homem jamais foi.]

Observe que o deslocamento do advérbio muda a ênfase e, portanto, o ritmo de toda a frase.

Tenha sempre em mente os seguintes pontos ao empregar um infinitivo divisível:

- Alguns modificadores, como **only** [só, apenas] e **really** [realmente, de verdade], devem se posicionar entre o "*to*" e o verbo para exprimir o significado correto, como em: *I want you to really think about this* [Quero que você realmente pense sobre isto].
- Com frequência, é preferível, em termos estilísticos, não dividir um infinitivo com palavras negativas como **not** [não] ou **never** [nunca], como em:

✘ *Be careful to not step on the wet concrete.*

✔ *Be careful not to step on the wet concrete.*

[Cuidado para não pisar no cimento fresco.]

✘ *He vows to never go to another Wagner opera.*

✔ *He vows never to go to another Wagner opera.*

[Ele jura que nunca assistirá a outra ópera de Wagner.]

Splitting words at the end of a line [divisão de palavras no final de linha]

Quando uma palavra não cabe no final de uma linha escrita, usa-se o hífen para dividi-la. Esse uso do hífen é comum em textos impressos, como neste exemplo:

> *He has often encountered a great deal of determi-ned opposition from local residents.*
> [Ele muitas vezes enfrentou a intensa e deter-minada oposição dos habitantes locais.]

Embora tenha havido uma coincidência no exemplo acima, lembramos que a divisão de palavras, em português, é silábica, não ocorrendo o mesmo em inglês. Evite dividir as palavras nos finais de linha, mas, quando isso não for possível, a divisão deverá ser feita de modo que cause o mínimo de interrupção na fluidez do texto. Siga as seguintes regras práticas:

- Não divida palavras de cinco ou menos letras.
- Tente dividir palavras longas onde existe uma divisão natural entre as sílabas (*keep-sake*, em vez de *ke-epsake*; *mile-stone*, em vez de *mi-lestone*). Observe que, nesses exemplos, temos palavras compostas por outras duas, o que possibilita a divisão.
- Divida a palavra para evitar que a divisão que dará início à linha seguinte do texto possa ser pronunciada ou interpretada de maneira errônea (*re-install*, em vez de *rein-stall*; *ther-apist*, em vez de *the-rapist*).
- Se a palavra for naturalmente escrita com um hífen (como em *pre-Christian* ou *father-in-law*), faça a divisão segundo esse sinal gráfico.

- Faça a divisão entre a raiz e o radical da palavra (*teach-er*; *com-ing*; *work-ed*, *pass-es*).
- Em caso de dúvida, consulte um bom dicionário.

➤ Ver também **hyphen**.

stadium [estádio]

Há dois plurais possíveis: **stadiums** (de uso geral) e **stadia** (mais formal ou técnico).

stalactite [estalactite], **stalagmite** [estalagmite]

A grafia dá uma indicação da direção (de cima para baixo ou vice-versa) dessas formações sedimentares das cavernas: o *-c-* da palavra *ceiling* [teto] e o *-g-* da palavra *ground* [chão].

start Ver **begin**.

stationary [sem movimento, estacionário], **stationery** [material para escrever, de papelaria]

Cuidado para não confundir essas palavras de grafias semelhantes.

stiletto [estilete, furador]

Observe o *l* simples e o *t* duplo. O plural é **stilettos**.

still life [natureza-morta]

O plural é **still lifes**.

stink [cheirar mal, feder]

Esse verbo possui duas formas para o passado simples: **stank** ou **stunk**. O particípio passado é **stunk**.

storey [andar de um edifício], **story** [história]

Em inglês britânico, essas palavras possuem significados diferentes. O inglês americano usa a forma **story** para as duas acepções da palavra.

strive [esforçar-se]
O passado simples é **strove**, e o particípio passado é **striven**.

stupefy [estupefazer]
Observe o *-e-* antes de *-fy*, muitas vezes pronunciado /i/.

subtle [sutil], **subtly** [sutilmente]
Cuidado com o *b* (não pronunciado) nas duas palavras. O *e* de **subtle** é omitido no advérbio **subtly**.

succeed [ter êxito], **success** [sucesso], **successive** [sucessivo], **successor** [sucessor]
Todas essas palavras são grafadas com *c* duplo. Observe também que, embora **succeed** tenha um *e* duplo, **success**, **successive** e **successor** possuem *e* simples e *s* duplo.

suddenness [repente, brusquidão]
Observe o *d* e o *n* duplos.

suitable [adequado]
Lembre: o final é *-able* (e não *-ible*).

sung Ver **sing**.

supersede [substituir, suplantar]
É erro comum grafar o final dessa palavra como *-cede*.

supervise [supervisionar]
O final é sempre *-ise* (e nunca *-ize*).

supplely, supply
As duas grafias do advérbio obtido a partir do adjetivo **supple** [flexível, dócil] são possíveis. Muitos preferem usar **supplely** para evitar confusão com o verbo **to supply** [suprir, fornecer].

susceptible [suscetível]
Observe o grupo *-sc-* e o final *-ible*.

swap, swop [troca, trocar]
As duas grafias são corretas. O *p* é duplicado nas formas verbais **swapping/swopping** e **swapped/swopped**.

swat [dar uma pancada ou um tapa], **swot** [estudar com afinco]

Aqui, apesar das grafias, os significados são diferentes. A consoante final é duplicada nas formas verbais **swatting/swotting** e **swatted/swotted**.

- **swat**: *He swatted the fly with a rolled-up newspaper* [Ele deu uma pancada na mosca com um jornal enrolado].
- **swot**: *She's been swotting for her final exams* [Ela tem estudado com afinco para os exames finais].

swell [inchar]

O passado simples é **swelled**, e o particípio passado é **swollen** ou **swelled**.

syllabus [resumo, roteiro, livro didático]

Há dois plurais possíveis: **syllabuses** ou **syllabi** (menos comum).

symmetry [simetria], **symmetrical** [simétrico]

Observe o *m* duplo nas duas palavras.

synopsis [sinopse]

O plural é **synopses**.

taboo, tabu [tabu]

Ambas as grafias são corretas, mas a primeira é mais comum.

tamable, tameable [domesticável, domável]

As duas grafias são corretas.

tautology [tautologia]

A tautologia é um erro de estilo em que se usam palavras diferentes para expressar uma mesma ideia, também é conhecida como redundância ou pleonasmo. Eis alguns exemplos mais comuns e óbvios de tautologia, com os elementos supérfluos entre parênteses: *We progressed (forward) slowly* [Avançamos (para a frente) lentamente]. ■ *The Dutch players are retreating (back) to their (own) half* [Os jogadores da Holanda estão retornando (de volta) para o (próprio) meio-campo]. ■ *It sank (down) to the bottom* [Ele desceu (para baixo) em direção ao fundo]. ■ *the (past) history of his family* [a história (passada) de sua família] ■ *their (mutual) respect for each other* [seu (mútuo) respeito um pelo outro] ■ *I (myself personally) am not involved in the dispute* [Eu (mesmo) não estou (pessoalmente) envolvido na disputa].

taxi [táxi, taxiar]

O plural pode ser **taxis** ou **taxies**. Formas verbais: terceira pessoa do singular do presente = **taxis** ou **taxies**; particípio presente = **taxiing** ou **taxying**; passado simples e particípio passado = **taxied**.

-tch Ver **-ch**.

teachable [educável, dócil]
O final é grafado *-able* (e não *-ible*).

temperature [temperatura]
Não esqueça o segundo *e*, geralmente omitido na fala.

tempo [andamento (*mus.*)]
Há dois plurais possíveis: **tempos** e **tempi** (mais comum).

terminus [término, meta]
Há dois plurais possíveis: **terminuses** e **termini**.

testes [testículos]
O singular é **testis**.

text [texto, enviar mensagem de texto]
O substantivo se transformou há pouco tempo em um verbo que está rapidamente se generalizando. A forma correta do passado simples e do particípio passado é **texted**, como em: *He texted me last night when he got home* [Ele me enviou uma mensagem de texto ontem à noite, quando chegou em casa].

than [que, do que]
Em inglês formal, quando o **than** de uma comparação é seguido por um pronome pessoal, todos os pronomes (exceto *who*) devem assumir a forma subjetiva (*I, he, she, we, they*), como em: *There is no finer draughtsman than he* [Não existe desenhista melhor que ele]. Contudo, na linguagem e na escrita informais, é comum (e já bastante aceito) usar a forma objetiva (*me, him, her, us, them*).
➤ Ver também **what**.

that [que, o qual]
É bastante aceitável, mesmo em contextos formais, o uso do pronome relativo **that** em construções como: *The man that I met happened to be Ken's uncle* [O homem que encontrei era o tio de Ken]. Não é necessário substituir **that** por ***who***, ***whom*** ou ***which***, como em geral se acredita.

their [seu, sua, deles, delas], **there** [lá, naquele lugar], **they're** [eles são/estão]

Cuidado com a grafia dessas palavras, que têm significados diferentes:

- **their** é pronome possessivo: *They can do what they like in their own home* [Eles podem fazer o que quiserem na própria casa]. ▪ *The women were wearing their new dresses* [As mulheres estavam usando seus vestidos novos].
- **there**: *I went there* [Eu fui lá]. ▪ *There they can do as they please; it's their retreat from the world* [Lá eles podem fazer o que quiserem; é o seu refúgio do mundo]. Os dois advérbios de lugar do português "ali" e "lá" correspondem a **there**.
- **they're** é a forma abreviada de *they are*, como em: *They're eating supper* [Eles estão jantando]. ▪ *They're moving their desks over there* [Eles estão mudando suas escrivaninhas para lá].

theirs, there's

Lembre-se de que **theirs** (= pertencente a eles) não se escreve com apóstrofo, mas esse sinal gráfico está presente em **there's** (forma abreviada de *there is*).

there Ver **here**.

thesaurus [léxico]

Há dois plurais possíveis: **thesauruses** e **thesauri**.

thesis [these]

O plural é **theses**.

though Ver **although**.

thrive [florescer, progredir]

O passado simples é **throve** ou **thrived**, e o particípio passado é **thriven** ou **thrived**.

tic, tick [tique]

A forma sem *k* denota um movimento nervoso involuntário e habitual de um músculo, especialmente da face. Todos os outros sentidos são grafados com *-ck*

-tion, -sion, -cion

Palavras com esses finais são muitas vezes grafadas erroneamente. Observe que só existem duas palavras comuns que terminam em **-cion**: *corcion* [coerção] e *suspicion* [suspeita].
Para os finais **-tion** e **-sion** não existem regras simples que nos ajudem a decidir qual deles empregar. Em caso de dúvida, consulte a seguinte lista das palavras mais comuns com cada um deles.

Palavras mais comuns terminadas em **-tion**

abortion [aborto]
abstention [abstenção]
action [ação]
addition [adição]
adoption [adoção]
assertion [declaração]
attention [atenção]
caption [título]
combustion [combustão]
contention [contenção]
contravention [contravenção]
deception [engano, logro]
digestion [digestão]
disruption [interrupção]
distortion [distorção]
education [educação]
exemption [isenção]
exertion [aplicação]
exhaustion [exaustão]
extortion [extorsão]
fiction [ficção]
infection [infecção]
intention [intenção]
intervention [intervenção]
meditation [meditação]
mention [menção]
nation [nação]
notion [noção]
option [opção]
portion [porção]
position [posição]
prevention [prevenção]
proportion [proporção]
ration [ração]
retention [retenção]
rotation [rotação]
solution [solução]
station [estação (*transp.*)]
suggestion [sugestão]
taxation [taxação]

Palavras mais comuns terminadas em **-sion**

accession [acessão]
adhesion [adesão]
admission [admissão]
ascension [ascensão]
aspersion [aspersão]
comprehension [compreensão]

confusion [confusão]
decision [decisão]
dimension [dimensão]
division [divisão]
emulsion [emulsão]
expansion [expansão]
expulsion [expulsão]
extension [extensão]
fusion [fusão]
immersion [imersão]
incision [incisão]
mansion [mansão]
pension [pensão]
permission [permissão]
persuasion [persuasão]
procession [procissão]
propulsion [propulsão]
recursion [recursão[
scansion [escansão]
submersion [submersão]
version [versão]
vision [visão]

➤ Ver também **-ction**.

titillate [excitar, titilar], **titivate** [enfeitar-se, arrumar-se]

Não confunda essas palavras, pois seus significados são diferentes.

- **titillate**: *This is lurid sensationalism designed to titillate local audiences* [Isso é sensacionalismo barato destinado a excitar as plateias locais].
- **titivate**: *Go and titivate yourself if you must, and be down in the bar in ten minutes* [Vá se arrumar se for preciso, e desça para o bar em dez minutos].

Titivate também pode ser grafado **tittivate**.

tonsillitis [amigdalite]

Observe o *l* duplo.

too Ver **also**.

tortuous [tortuoso], **torturous** [torturante]

Embora a grafia dessas palavras seja quase igual, o sentido é diferente.

- **tortuous**: *We took a tortuous route over de mountains* [Pegamos uma estrada tortuosa pelas montanhas].
- **torturous**: *Then there was a torturous wait for the results of the biopsy* [Então se seguiu uma espera torturante pelo resultado da biópsia].

toward, towards [em direção a]

No sentido geral, não há diferença de significado entre essas palavras. **Towards** é mais comum em inglês britânico, e **toward**, em inglês americano.

traffic [tráfego, tráfico, traficar]

Observe que se acrescenta um *k* às formas verbais **trafficking** e **trafficked**.

tranquilize, tranquillise, tranquillize [tranquilizar]

A forma com *l* simples e final *-ize* é a empregada pelo inglês americano. Em inglês britânico usam-se *l* duplo e o final *-ise* ou *ize*.

transfer [transferir]

O *r* é duplicado nas formas verbais **transferring** e **transferred**.

transferable, transferrable [transferível]

As duas grafias são corretas, embora a primeira seja mais comum.

transpire

O sentido original de **transpire** é "vir à luz ou se tornar conhecido", mas está se tornando cada vez mais comum usar esse verbo no sentido de "acontecer". Embora esse segundo sentido não seja errado, é melhor evitá-lo em contextos formais:

✘ *What transpired after you told him he was sacked?*

[O que aconteceu depois que você lhe disse que ele estava despedido?]

✔ *It transpired that some people were more susceptible to the poison than others.*

[Soube-se que algumas pessoas eram mais suscetíveis que outras ao veneno.]

troop [tropa], **troupe** [trupe]

try [tentar]

Na linguagem formal e escrita, use **try to** em vez de **try and**:

✗ *Try and remember what he looked like.*

✔ *Try to remember what he looked like.*

[Tente lembrar como era a aparência dele.]

tsar Ver **czar**.

twelfth [décimo segundo]
Lembre-se: *f* antes do *th*.

U

Uluru Ver **Ayers Rock**.

uninterested [sem interesse, desinteressado], **disinterested** [imparcial, sem preconceito]

Embora **disinterested** seja por vezes usada em lugar de **uninterested**, existe uma importante distinção entre essas palavras:

- **uninterested**: *She seemed quite uninterested in anything I had to say* [Ela parecia não ter nenhum interesse no que eu tinha para dizer]. ▪ *He's uninterested in sport* [Ele não tem interesse por esportes].
- **disinterested**: *What we need is a disinterested third party who can judge the issue fairly* [O que precisamos é de uma terceira parte imparcial que possa julgar a questão com justiça].

  ✗ *He seems disinterested in sports or team games.*

unique [único, somente]

Por definição, se alguma coisa é única, só existe um exemplar dela, não havendo nada que se possa comparar. **Unique**, portanto, não deve ser usado de maneira descuidada, com o significado de *remarkable* [notável], *unusual* [incomum] ou *rare* [raro], sendo igualmente incorreto modificar a palavra com *fairly*, *pretty* e *rather*, como em:

✗ *Balzac is a unique novelist, and so is Flaubert.*

✗ *It was a fairly unique experience.*

United States of America [Estados Unidos da América]

Embora, em inglês, seja perfeitamente aceitável falar em **America** ou **American** na maioria dos casos, sem se correr o risco de ser mal compreendido, em contextos formais é melhor precisar e especificar que se está falando dos **United States of America**. Em sentido estrito, **America** é a grande massa de terra que compreende os continentes das Américas do Norte, Central e do Sul. Os Estados Unidos são uma unidade política que ocupa grande parte da América do Norte (na verdade, o Canadá ocupa uma parte ligeiramente maior dela). Canadenses e peruanos não estariam errados ao se descreverem como *American*, embora isso não seja comum.

unshakable, unshakeable [inabalável]

As duas grafias são corretas.

unsocial [insociável], **unsociable** [reservado], **antisocial** [antissocial]

Quando essas palavras se aplicam a uma pessoa, todas têm o mesmo sentido: "que não gosta da companhia de outras pessoas". Contudo, **unsocial** também se aplica às horas de trabalho (durante a noite) que impedem uma pessoa de desenvolver atividades sociais normais. **Antisocial** também se aplica a comportamento e significa "danoso ou embaraçoso para outras pessoas".

unwanted [indesejado, indesejável], **unwonted** [incomum]

Não confunda essas palavras, que possuem significados diferentes.

- **unwanted**: *His indiscretions only drew unwanted attention to himself* [Suas indiscreções só lhe trouxeram uma atenção indesejável].
- **unwonted**: *She carried out the task with unwonted enthusiasm* [Ela realizou a tarefa com um entusiasmo incomum].

urban [urbano], **urbane** [sofisticado, elegante]

Cuidado para não confundir as grafias.

us Ver **we**.

usable, useable [utilizável]

As duas grafias são corretas.

used to

Muitas pessoas têm dúvida quanto à correta forma negativa de **used to** (que indica um hábito no passado e é geral traduzido como "costumar"). Veja estes exemplos:

✘ *He usen't to do it.*

✘ *He didn't used to do it.*

✔ *He used not to do it.*

✔ *He usedn't to do it.*

✔ *He didn't use to do it.*

[Ele não costumava fazer isso.]

usual [usual], **usually** [usualmente]
Cuidado com o *l* duplo em **usually**.

V

vaccinate [vacinar], **vaccination** [vacinação]

Observe o *c* duplo e o *n* simples.

vacuum [vácuo]

Lembre: *c* e *u* duplos.

value [valor], **valuable** [valioso]

Observe que o *e* final de **value** é omitido no adjetivo **valuable**. O substantivo **valuables** (sempre no plural) significa "objetos de valor".

vegetable [vegetal (*subst.* e *adj.*)]

Cuidado com o segundo *e*, que não é pronunciado.

vehement [veemente], **vehemence** [veemência]

Não esqueça o *-he-* ao escrever essas palavras.

vehicle [veículo]

Observe o *h*, mudo nesse substantivo, mas pronunciado no adjetivo **vehicular** [veicular].

venal [venal], **venial** [perdoável, venial]

Essas palavras possuem significados diferentes.

- **venal**: *However corrupt and venal a politician he might have been before, once elected president it is assumed that he changes* [Por mais corrupto e venal que um político tenha sido, se for eleito presidente, espera-se que ele mude].
- **venial**: *The list of sins, venial and otherwise, was long* [A lista de pecados, veniais e outros, era longa].

veracity [veracidade], **voracity** [voracidade]

Não confunda essas palavras.

- **veracity**: *The barrister cast doubt on the veracity of the defendant's statement* [O advogado lançou dúvida quanto à veracidade da declaração do acusado].
- **voracity**: *Sharks are well known for their voracity when feeding* [Os tubarões são bem conhecidos por sua voracidade ao se alimentarem].

veranda, verandah [varanda]

As duas grafias são corretas.

video [vídeo]

O plural é **videos**.

vigour [vigor], **vigorous** [vigoroso]

Observe que o *u* de **vigour** é omitido no adjetivo **vigorous**.

voluntary [voluntário (*subst.* e *adj.*)]

Não esqueça o *a* antes de *-ry*.

W

waive [renunciar a, desistir], **wave** [acenar, ondular, onda]

As duas palavras têm significados diferentes, apesar da mesma pronúncia: /weiv/.

want [querer], **wont** [acostumado a, hábito]

Essas palavras têm significados diferentes.

- **wont** como adjetivo: *He was wont to rise early* [Ele estava acostumado a se levantar cedo]. Como substantivo: *It was her wont to rise early and open all the windows* [Era hábito dela se levantar cedo e abrir todas as janelas].

we, us

É erro comum usar **we** em vez de **us** quando "eu e os outros" é objeto de um verbo, como em:

✘ *This is the busiest time of the year for we farmers.*

✔ *This is the busiest time of the year for us farmers.*

[Esta é a parte mais trabalhosa do ano para nós, fazendeiros.]

Em caso de dúvida, tente os dois pronomes e omita o substantivo. O erro ficará óbvio:

✘ *It will be a disaster for we Europeans.*

✘ *It will be a disaster for we.*

✔ *It will be a disaster for us.*

✔ *It will be a disaster for us Europeans.*

[Será um desastre para nós, europeus.]

weave

No sentido de "avançar serpenteando, cambalear", **weaved** é a forma do passado simples e do particípio passado, como em: *She weaved towards the door, finding her vision blurring, her legs beginning to go weak* [Ela cambaleou em direção à porta, sentindo a vista embaralhada e as pernas começando a fraquejar].
No sentido de "tecer, urdir", o passado simples é **wove**, e o particípio passado, **woven**.

Wednesday [quarta-feira]

Não esquecer o *d*, que não é pronunciado.

weird [fatal; estranho]

Lembre-se de que essa palavra não segue a regra do "*i* antes de *e*, exceto depois de *c*".

were

Na escrita formal, **were** deve ser usado em vez de **was** em sentenças condicionais, nas quais se usa o modo subjuntivo (em português, o pretérito imperfeito: fosse, estivesse, fôssemos, estivéssemos, etc.), como em: *If I were a rich man, I wouldn't have to work hard* [Se eu fosse rico, não teria que trabalhar duro]. ▪ *If it weren't so cold, we could go for a walk* [Se não estivesse tão frio, poderíamos dar uma volta]. ▪ *Were he to resign now, he would forfeit a proportion of his pension* [Se ele fosse se aposentar agora, perderia uma parte de sua aposentadoria].

West Indian Ver **Afro-Caribbean**.

wet [molhar, encharcar], **whet** [afiar, amolar, incrementar]

Não confunda essas palavras.

what [o que, que]

Atenção para estes usos do **what**.

- em *What we need is colouring pencils and paper* [O que precisamos é de lápis de cor e papel], observe que o verbo fica no singular. Alguns acham que o verbo deve ir para o plural, pois o substantivo que se segue a ele está no plural, mas isso não é correto:

✘ *What we need are colouring pencils and paper.*

- **what** só pode ser seguido por **than** em comparações quando significa "o que, a que, os que, as que", como em: *These cherries are cheaper than what they had on offer last week* [Estas cerejas estão mais baratas que as que estavam em oferta na semana passada].

Por outro lado, em inglês-padrão não é aceitável usar **what** depois de **than** em comparações, como em:

✘ *She can do it better than what I can.*

✔ *She can do it better than I can.*

[Ela pode fazer isso melhor que eu.]

- Em inglês-padrão, não é aceitável usar **what** depois de substantivos e pronomes:

✘ *It was the shock what killed him.*

✔ *It was the shock that killed him.*

[Foi o choque que o matou.]

what, which [qual]

Tanto **what** como **which** podem ser usados em perguntas referentes a uma escolha. **What** é geralmente usado quando a escolha é ilimitada ou não especificada, como em: *What is the quickest way to get rid of those extra kilos?* [Qual é a maneira mais rápida de se livrar desses quilos extras?]. Em geral se usa **which** quando a escolha é entre um número conhecido ou limitado de opções, como em: *Which is the best diet?* [Qual é a melhor dieta?].

whatever, what ever

Veja a diferença entre essas duas formas:

- **whatever** significa "não importa o que", como em: *Whatever I say, he always disagrees with me* [Não importa o que eu diga, ele sempre discorda de mim].
- **what ever** por vezes é usado como variante mais enfática de *what*, como em: *What ever are you doing in that ditch?* [O que você está fazendo nessa vala?]

whereabouts [por onde, paradeiro]

Como substantivo, **whereabouts** pode levar o verbo para o singular ou para o plural, como em: *His present whereabouts is/are unknown* [Seu atual paradeiro é desconhecido].

whereby

O verdadeiro significado de **whereby** é "por meio do qual" ou "de acordo com o qual", como em: *He provided details of the system whereby funds are transferred from one account to the other* [Ele forneceu detalhes do sistema pelo qual os fundos são transferidos de uma conta para outra].
Whereby não pode ser usado no sentido de "em que":

✘ *The situation has been created whereby people are actually afraid to join a trade union.*

✔ *The situation has been created in which people are actually afraid to join a trade union.*

[Criou-se uma situação em que as pessoas têm realmente medo de se filiar a um sindicato.]

whet Ver **wet**.

which Ver **what**.

whisky, whiskey [uísque]

A primeira forma refere-se ao uísque escocês. A segunda, com o final *-ey*, designa o uísque irlandês ou americano.

who, whom [quem]

A regra básica nos diz que **who** é o sujeito da oração, e **whom** é o seu objeto.

✘ *Whom wants coffee?*

✔ *Who wants coffee?*

[Quem quer café?]

✘ *From who did you get it?*

✔ *From whom did you get it?*

[De quem você ganhou isso?]

No último exemplo, soa mais natural deslocar a preposição para o fim da oração e usar **who**:

✔ *Who did you get it from?*

Whom é usado em contextos formais. **Who** é usado em contextos informais, embora não gramaticalmente corretos:

✔ *My aunt, whom I love dearly, is in hospital.* (formal)

✔ *My aunt, who I love dearly, is in hospital.* (informal)

[Minha tia, a quem eu quero muito, está no hospital.]

Whom deve ser usado no lugar de **who** quando o pronome relativo for precedido de uma preposição:

✘ *The lady to who he was speaking is his aunt.*

✔ *The lady to whom he was speaking is his aunt.*

[A senhora com quem ele conversava é tia dele.]

Contudo, **who** pode ser usado quando a preposição se desloca para o fim da oração.

✔ *That's the man who I bought the car from.*

[Aquele é o homem de quem eu comprei o carro.]

wholly [inteiramente]

Grafado com *l* duplo.

➤ Ver também **holey**.

who's, whose

Apesar da pronúncia igual, fique atento para usar corretamente essas formas.

- **who's** é a forma abreviada de *who is* ou *who has*, como em: *Who's that at the door?* [Quem é aquele na porta?]. ▪ *Who's eaten all the chocolates?* [Quem comeu todos os chocolates?].

Lembre-se de que não se deve usar as formas abreviadas na escrita formal.

- **whose** é a forma possessiva de *who*, como em: *This is the boy whose mother was injured in the accident* [Este é o rapaz cuja mãe foi ferida no acidente]. ▪ *Whose dirty socks are these?* [De quem são estas meias sujas?]. **Whose** também pode ser usado, nesse sentido, com relação às coisas: *The tree, whose branches were home to many small creatures, blew down in the storm* [A árvore, cujos galhos abrigavam tantas criaturinhas, caiu com a tempestade].

wilful, willful [teimoso, obstinado]

A primeira forma é a usada pelo inglês britânico; a segunda, pelo inglês americano.

will Ver **shall**.

wont Ver **want**.

wool [lã]

Observe que o *l* é duplo nas formas **woollen** e **woolly** [de lã, lanoso].

workable [praticável, viável]

Observe que o final é *-able* (e não *-ible*).

works [trabalhos, obras]

Esse substantivo pode levar o verbo para o singular ou para o plural, como em: *The works is/are closing down for a fortnight* [Os trabalhos estão interrompidos por duas semanas].

wracked Ver **racked**.

wreath [coroa de flores ou folhas, guirlanda], **wreathe** [fazer uma guirlanda]

- **wreath** é o substativo.
- **wreathe** é o verbo. Quando se acrescentam *-ing* e *-ed* a esse verbo, o *e* final é omitido.

-xion Ver **-ction**.

XYZ

X-ray [raio X]

Observe que o X e maiúsculo e separado de **ray** por hífen.

yew Ver **ewe**.

yoghurt, yoghourt, yogurt [iogurte]

As três grafias são corretas, embora **yoghurt** seja a mais comum.

yoke [fardo, jugo, servidão], **yolk** [gema do ovo]

Apesar da pronúncia semelhante, essas palavras têm sentidos diferentes.

your [seu, sua], **you're** [você é/está]

Cuidado ao escrever essas formas.

- **your**: *Are those your CDs?* [Esses CDs são seus?].
- **you're**: *Come on, Isabel, you're next* [Venha, Isabel, você é a próxima]. Tente evitar a forma contraída na correspondência comercial formal.

yours [seu, sua]

Esse pronome possessivo é referente a *you*. Lembre-se de que não existe apóstrofo entre o *r* e o *s*: *This book is yours, not mine* [Este livro é seu, não meu].

Yugoslavia [Iugoslávia]

A Iugoslávia foi formada após a Segunda Guerra Mundial por diferentes partes do desmantelado Império Austro-Húngaro. A partir do final da década de 1980, várias dessas partes tornaram-se países independentes: *Croatia* (oficialmente *The Republic of Croatia* [República da Croácia]), *Slovenia* (oficialmente *The Republic of Slovenia* [República da Eslovênia]), *Macedonia* (oficialmente The Former Yugoslav Republic of Macedonia [Antiga República Iugoslava da Macedônia]), *Bosnia and Herzegovina* [Bósnia-Herzegóvina] e

Serbia and Montenegro [Sérvia e Montenegro] formaram *The Republic of Yugoslavia* [República da Iugoslávia] em 1991. Em 2003 esse país foi rebatizado de *Union of Serbia and Montenegro* [União da Sérvia e Montenegro]. Portanto, os termos **Yugoslav** [iugoslavo], **Yugoslavia** [Iugoslávia] e **Yugoslavian** [iugoslavo] só podem ser empregados em contextos históricos.

zabaglione [zabaione]

Nessa palavra de origem italiana, o *g* não é pronunciado.

zealot [fanático, zeloso]

Pronuncia-se /**zel**-ót/.

zeitgeist

Essa palavra, de origem alemã, significa "espírito da época" (*Zeit* = tempo e *Geist* = espírito).

zero [zero]

O plural é **zeros**.

6 *Many traders shut up shop and moved out, blaming recession, traffic restrictions and .... bus routes.*

who's/whose

1 *He was a man of noble birth, ... family had fallen on hard times.*

2 *She is the type of person .... not afraid to speak her mind.*

3 *He enjoyed great favour at the court of James V, at .... request he made translations of Livy.*

4 *He founded a trio .... chamber music performances became highly respected.*

5 *.......... topping the bill in this year's Christmas pantomime?*

6 *He had an enormous success with the play .... Afraid of Virginia Woolf?*

7 *He founded the company with his brother James, on .... death he became sole manager.*

8 *He was a contemporary of Cicero, ... son Marcus he taught at Athens.*

9 *It's going to be a very special event; anyone .... anyone is going to be there.*

10 *She collaborated with George Balanchine, at .... School of American Ballet she earned an impressive reputation as a teacher.*

Dangling participle [particípio pendente ou dúbio]

Reescreva os seguintes períodos sem o particípio pendente.

...lo: *Knitting the sweater, the cat jumped on her lap.*
...s *knitting the sweater, the cat jumped on her lap.*

1 *Hanging from the ceiling amid the festoons of dried sausage and bunches of herbs, he saw a haunch of wild boar.*

2 *Shaving at a makeshift mirror in a clearing, the lion attacked him.*

3 *Walking through the woods, a heavy branch nearly fell on me.*

4 *If uncovered, you should not inhale the paint.*

5 *Skateboarding down the street, a puppy knocked me over.*

Palavras semelhantes – sentidos diferentes

Preencha as lacunas com a palavra adequada. Pode haver mais de uma ocorrência da palavra no mesmo período. Faça as mudanças verbais necessárias.

1 *A strike was .... only after all-night meetings between the unions and senior government officials. (avoid/avert/evade)*

2 *His company supplies office .... (stationery/stationary)*

3 *His experience in the Middle East made him a .... candidate for the job. (credible/creditable)*

4 *I agree with the idea in .... , but I don't think it will be very easy to apply. (principal/principle)*

5 *She finally found a measure of the happiness that had .... her all her life when she was reunited with her daughter. (elude/allude)*

6 *The Prime Minister was accused of .... when asked about tax increases. (prevaricate/procrastinate)*

7 *She was a performer who liked to .... convention. (flaunt/flout)*

8 *We have already .... to this topic in the opening chapter. (allude/elude)*

9 *The chief suspect .... the FBI and managed to escape to Russia. (evade/avoid/avert)*

10 *The children enjoyed it very much, ... the younger ones. (specially/especially)*

11 *The film builds to a .... showdown in the OK Corral. (climatic/climactic)*

12 *The improved economy created a class of newly-rich consumers, eager to .... their prosperity. (flaunt/flout)*

13 *We'll have to be up bright and early to .... the rush-hour traffic. (avoid/evade/avert)*

14 *The music was composed .... for the play. (especially/specially)*

15 *The peach lipstick .... her skin tones. (compliment/complement)*

16 *The poor harvest was blamed on unfavourable .... conditions. (climatic/climactic)*

17 *The .... actors gave a solid performance, despite the unconvincing script. (principal/principle)*

18 *The team returned with a .... 4th place overall. (credible/creditable)*

19 *Please wait until the train is .... before opening the door. (stationary/stationery)*

20 *With .... of the season to all our customers. (compliments/complements)*

21 *She hated filling in application forms and .... so much that she missed the deadline. (prevaricate/procrastinate)*

Localize o erro

Identifique os erros dos seguintes parágrafos. Reescreva cada parágrafo corretamente.

1 The Spanish really do think wer'e feinds for punctuality. Any Spaniard who has been to Britain will of course have a much more realistic picture – especially if theyv'e spent much time on our trains. Still, if this gives a bit of a dent to our reputation, itl'l be clear that at least we still think things ought to start and finish on time, even if were getting increasingly pessimistic about the likelihood of this actually happening.

2 Its hardly surprising then, that the British fondness for standing in a neat line at a bus stop or in a shop is something that seems more than a bit rediculous to foreigners.

3 But it would be wrong to get the idea that Spaniard's lack of interest in lining up at bus stops or shop counters means that theirs always a mad scrum when the bus finally arrives, or excited screaming to attract the shop assistants attention before anyone else is served. In shops their may be a ticket system, but more likely a new arrival in a busy shop or at a crowded counter will simply ask, 'Whose the last?', and then know who they can expect to be served after.

4 Given the choice between yesterdays bread or two different kinds of poor substitute for bread, there is a real incentive to skip breakfast altogether, or catch it in a café on the way to work. Their you will see the clear divide between croissant-eaters who dip their's in they're coffee or hot choclate and those who prefer a flaky texture to a soggy one.

5 Both brothers were philanthropists: they gave money to restore St Gile's Cathedral in Edinburgh; William was Lord Provost of Edinburgh twice; and they both received honorary law degrees. By the end of the 19th century, W&R Chambers was one of the largest English-language publisher's in the world.

6 Daughter of Duke Frederick and cousin of Rosalind, Celia has wit, charm, a sense of humour, common sense and a strong sense of duty. She leaves her fathers court to stay with the banished Rosalind, and eagerly engages in the deceptions practiced on Orlando. She hastily becomes Oliver's fiancé, which is a puzzle. She is an excellent foil to Rosalind.

7 Daughter of Duke Senior, Rosalind is witty, impulsive and a bit of a tomboy. Banished to the forest and disguised as a boy, Orlando meets her. She undertakes to teach him how to woo his Rosalind and thus reveals the depth of her own love. She 'organizes' the romances in the play and insures a happy ending for all.

8 The death of his master Sir John Falstaff, for whom he often acts as a messenger, greatly effects him. A thief from beginning to end, he is hung for stealing from a French church.

9 With five daughters to dispose of, Mrs Bennetts sole interest in life is in finding suitably wealthy gentlemen to marry them off to, regardless of any but her own feelings in the matter. Defective in intelligence, tact and social skills, her daughter Elizabeth is embarrassed by her. The society who's gossip she feeds on has very limited horizons.

10 Noddy is not at all clever and doesn't know almost nothing about life in Toyland, but he is funny and freindly, good at making-up songs, and often quiet brave. Big Ears tells him he must earn money to buy the things he likes, so he gets a yellow and red car with a loud horn and runs a taxi service for the other toys. He is more happier in Toyland and has only one enemy: Mr Plod, a grumpy old policeman.

Soluções

due to/because of/owing to

1 *He claimed that his success was due to hard work.*

2 *Many people cannot eat yoghurt because of a sensitivity to milk.*

3 *The popularity of his books among children was doubtless due to their cast of fantastic characters.*

4 *The last train was cancelled because of leaves on the tracks.*

5 *The Prime Minister resigned because of ill health.*

The Prime Minister resigned owing to ill health.

6 *Owing to its natural beauty and mild climate, Killarney is a popular tourist destination.*

I/me

1 *Grandpa gave Joe and me ten pounds each for Christmas.*

2 *Either you or I will have to go.*

3 *What's he got against you and me?*

4 *Rab invited my wife and me to stay for the weekend.*

5 *My sister and I get on much better now, but when we were little we used to fight like cat and dog.*

6 *Michael and I have had a proper man-to-man talk about the situation.*

its/it's

1 *Noted for its lyricism, his work often employs the talents of other artists.*

2 *His administration was known for its efficiency and integrity.*

3 *It's very difficult to get footage of rare wildlife in its natural habitat.*

4 *He fought in the Spanish Civil War and at its end was forced into exile in Argentina.*

5 *She began working in television in 1951 and became one of its best-loved personalities.*

6 *If it's true, it's a very serious allegation.*

7 *As far as we are concerned it's too little too late.*

8 *It's about 12 miles away as the crow flies.*

9 *The colony of New South Wales owed its origin mainly to him.*

10 *On his death he bequeathed his Paris studio and its contents to the French nation.*

less/fewer

1 *In 1988, the party had about 60,000 members; it has always had fewer members than its main rival.*

2 *Fewer than 40 of his paintings are known, including* Girl with a Pearl Earring *and* View of Delft.

3 *Despite the fact that his recording career lasted less than two years, he is one of the most influential pioneers of rock-and-roll.*

4 *Less than a quarter of his 4,300 men survived the disastrous charge, which marked a turning point in the Civil War.*

5 *The four ships had been lost, and of the 270 men who had set out three years earlier, fewer than 20 returned.*

6 *Many traders shut up shop and moved out, blaming recession, traffic restrictions and fewer bus routes.*

who's/whose

1 *He was a man of noble birth, whose family had fallen on hard times.*

2 *She is the type of person who's not afraid to speak her mind.*

3 *He enjoyed great favour at the court of James V, at whose request he made translations of Livy.*

4 *He founded a trio whose chamber music performances became highly respected.*

5 *Who's topping the bill in this year's Christmas pantomime?*

6 *He had an enormous success with the play Who's Afraid of Virginia Woolf?*

7 *He founded the company with his brother James, on whose death he became sole manager.*

8 *He was a contemporary of Cicero, whose son Marcus he taught at Athens.*

9 *It's going to be a very special event; anyone who's anyone is going to be there.*

10 *She collaborated with George Balanchine, at whose School of American Ballet she earned an impressive reputation as a teacher.*

Dangling participle

1 *He saw a haunch of wild boar hanging from the ceiling amid the festoons of dried sausage and bunches of herbs.*

2 *The lion attacked him while he was shaving at a makeshift mirror in a clearing.*

3 *As I was walking through the woods, a heavy branch nearly fell on me.*

4 *You should not inhale the paint if it is uncovered.*

5 *As I was skateboarding down the street, a puppy knocked me over.*

Palavras semelhantes – sentidos diferentes

1 *A strike was averted only after all-night meetings between the unions and senior government officials.*

2 *His company supplies office stationery.*

3 *His experience in the Middle East made him a credible candidate for the job.*

4 *I agree with the idea in principle, but I don't think it will be very easy to apply.*

5 *She finally found a measure of the happiness that had eluded her all her life when she was reunited with her daughter.*

6 *The Prime Minister was accused of prevaricating when asked about tax increases.*

7 *She was a performer who liked to flout convention.*

8 *We have already alluded to this topic in the opening chapter.*

9 *The chief suspect evaded the FBI and managed to escape to Russia.*

10 *The children enjoyed it very much, especially the younger ones.*

11 *The film builds to a climactic showdown in the OK Corral.*

12 *The improved economy created a class of newly-rich consumers, eager to flaunt their prosperity.*

13 *We'll have to be up bright and early to avoid the rush-hour traffic.*

14 *The music was composed specially for the play.*

15 *The peach lipstick complemented her skin tones.*

16 *The poor harvest was blamed on unfavourable climatic conditions.*

17 *The principal actors gave a solid performance, despite the unconvincing script.*

18 *The team returned with a creditable 4th place overall.*

19 *Please wait until the train is stationary before opening the door.*

20 *With compliments of the season to all our customers.*

21 *She hated filling in application forms and procrastinated so much that she missed the deadline.*

Localize o erro

1 The Spanish really do think we're fiends for punctuality. Any Spaniard who has been to Britain will of course have a much more realistic picture – especially if they've spent much time on our trains. Still, if this gives a bit of a dent to our reputation, it'll be clear that at least we still think things ought to start and finish on time, even if we're getting increasingly pessimistic about the likelihood of this actually happening.

2 It's hardly surprising then, that the British fondness for standing in a neat line at a bus stop or in a shop is something that seems more than a bit ridiculous to foreigners.

3 But it would be wrong to get the idea that Spaniards' lack of interest in lining up at bus stops or shop counters means that there's always a mad scrum when the bus finally arrives, or excited screaming to attract the shop assistant's attention before anyone else is served. In shops there may be a ticket system, but more likely a new arrival in a busy shop or at a crowded counter will simply ask, 'Who's the last?', and then know who they can expect to be served after.

4 Given the choice between yesterday's bread and two different kinds of poor substitute for bread, there is a real incentive to skip breakfast altogether, or catch it in a café on the way to work. There you will see the clear divide between croissant-eaters who dip theirs in their coffee or hot chocolate and those who prefer a flaky texture to a soggy one.

5 Both brothers were philanthropists: they gave money to restore St Giles' Cathedral in Edinburgh; William was Lord Provost of Edinburgh twice; and they both received honorary law degrees. By the end of the 19th century, W&R Chambers was one of the largest English-language publishers in the world.

6 Daughter of Duke Frederick and cousin of Rosalind, Celia has wit, charm, a sense of humour, common sense and a strong sense of duty. She leaves her father's court to stay with the banished Rosalind, and eagerly engages in the deceptions practised on Orlando. She hastily becomes Oliver's fiancée, which is a puzzle. She is an excellent foil to Rosalind.

7 Daughter of Duke Senior, Rosalind is witty, impulsive and a bit of a tomboy. While banished and disguised as a boy, she meets Orlando. She undertakes to teach him how to woo his Rosalind and thus reveals the depth of her own love. She 'organizes' the romances in the play and ensures a happy ending for all.

8 The death of his master Sir John Falstaff, for whom he often acts as a messenger, greatly affects him. A thief from beginning to end, he is hanged for stealing from a French church.

9 With five daughters to dispose of, Mrs Bennett's sole interest in life is in finding suitably wealthy gentlemen to marry them off to, regardless of any but her own feelings in the matter. Doficient in intelligence, tact and social skills, she is a source of embarrassment to Elizabeth. The society whose gossip she feeds on has very limited horizons.

10 Noddy is not at all clever and knows almost nothing about life in Toyland, but he is funny and friendly, good at making up songs, and often quite brave. Big Ears tells him he must earn money to buy the things he likes, so he gets a yellow and red car with a loud horn and runs a taxi service for the other toys. He is happier in Toyland and has only one enemy: Mr Plod, a grumpy old policeman.